《魯學齋日記》（外二種）第二册

吉城 著

國家圖書館出版社

第二冊目錄

光绪壬辰

臺笠人家日記

第四冊

十八年

二月初一日　夜雨

閱孫蓺先生遺書　昨從蓺文家借孫淵如手校訂三輔黃圖一觀即錄其序而以歸之據蓺文述其家藏有影宋本夏小正暇當借覽

讀集虛齋知不柳下惠之隤文十篇

初二日　雨

將檢過孫蓺官書目錄示竹平遍與心蘭　改培之蘇桂乃煇試帖留心蘭晚飯共閱馬瀫麟長江圖說八首假去經訓堂夏小正一本

初三日

乃煇課題或曰雍也袁生吾未嘗無誨焉　午後改乃煇文一首

初四日風日晴和

庸臣招游北村別業蔚如星南伯鴻紫如皆往落日時放舟至西溪登秦山六人同坐禪鈞一枝香許　庸臣有五古一章紀游即以留別

初五日大風

昨夜衆東門側土機及茶食鋪被盜　早與星南過蔚如　讀辭需已美文十篇　補昨試帖題夜雨翦春韭得春字

初六日雨

三哥永去嶺府廿六年　伯鴻貽我紅梅一枝　晚寫興化鎮江信各一書

初七日

弔臣擇日北上作詩送之成七律八章就心蘭正謬

初八日

心蘭亦成五古一首用五平五仄體限十五合全韻文多不錄謹記其起句云天灘騰龍驤海國富蚤蛤結句云民生頭斑斑戴澤搗蒜磕中間聯句云拳膺師名賢亦翼異配美姶姶前修儒之林末俗伯也黠

初九日

謁海珊先生與心蘭過弔臣弔臣贈我經傳釋詞一函以柳氏說文引經攷異易去　晚過宗如談詩即觀其七律六首亦送弔臣作也蔚文是五排六十韻

閑健謹嚴不減老杜

初十日

伯祖妣冥壽在西宅敘談　申正令晚登舟，因與崇如、蔚如、星南、伯鴻五人同買一舟送至河上，深談至五更，大家含淚而別。申自視我時文宜斂其才華，詞章一門當認真從事，藥石之言何可多得。

十一日

到館，以微覺惡寒，歸家早卧。

十二日

遍體起粟，冷不可能楚，老藥我桂枝湯以愈。

十三日

猶覺畏風　錢生題不以其華之利　袁生題不以三字易其介

予類過餘經解正續編目　正編百六十三種　續編二百八種

十四日

閱宋史紀事本末　伯鴻來視我恙

十五日

到塾　摘抄黃氏長江説　晚寫信寄三哥　即將此書寄還　次雲借去文獻通攷二冊　過伯鴻　從蔚如所假來通鑑紀事本末六本　蔚如偕崇如過我

十六日

乃輝課題明日 擬四題交楊屏以為弟子式 讀不患無位四書題文

十七日

改文二首 晚過星南同至崇如處閒話 崇假去書目答問兩卷

十八日

禹言約至小樓啜茗 蔚堂星皆往 以蔚日詩稿就蘭文正之

十九日

涉獵時文 案頭瓶梅大開 而無詩富且賤焉 紅杏尚書

二十日

午后与伯鸿过一兰阁 伯鸿述袁奏首赠有玉函山房丛书 伯萄假去
骈体文抄两册 蔚儿还来经史百家杂抄二本

廿日

书院甄别 长文题君子存仁至远仁 诗题先以仁句争胜 存长 小文题童甫
至冠者讲护持新笋似婴儿 草草成篇 晚饭后与宗如同游 湖心四书

二十二日

王嘉约茶 见独师述作文 蔚如过我谈文 夜抄补通鉴纪事本末三页 偷还蔚如

二十三日

书院小友复试 袁重亦与予共题 前列三十余名 作一讲一诗 闻今年书院更

章小友每課必復　改試帖數首　熟時文一篇　次雲過我

二十四日

聞孫家前日被竊　早見孫師云恐難追　蔚如昨日動身往富安

二十五日　微雨

放學一日　陪孫師崇光小禪　晚到店請父親安

二十六日

館中小課詩題花時同醉破春愁得同字　改朋遠風韻之雨之邀舊雨廿四數

條風原作有城堅酒簡垣五字甚好　熟文一篇

二十七日

晚改文两篇 這幾日皆未能讀書 恨恨

二十八日

蘭畦先生過我述唐公習戲 陳竹兄來言前日課文是篇老丹晃

晚改文一首

二十九日

少之兄信來催書 即繕函以答 讀哀江南賦序 子山制此初數篇必得其位

一作精警非常 如云爲君之難也 而後練一警語挽 亦有字

子山集由不能處丹朱不知樂之語奇闢許

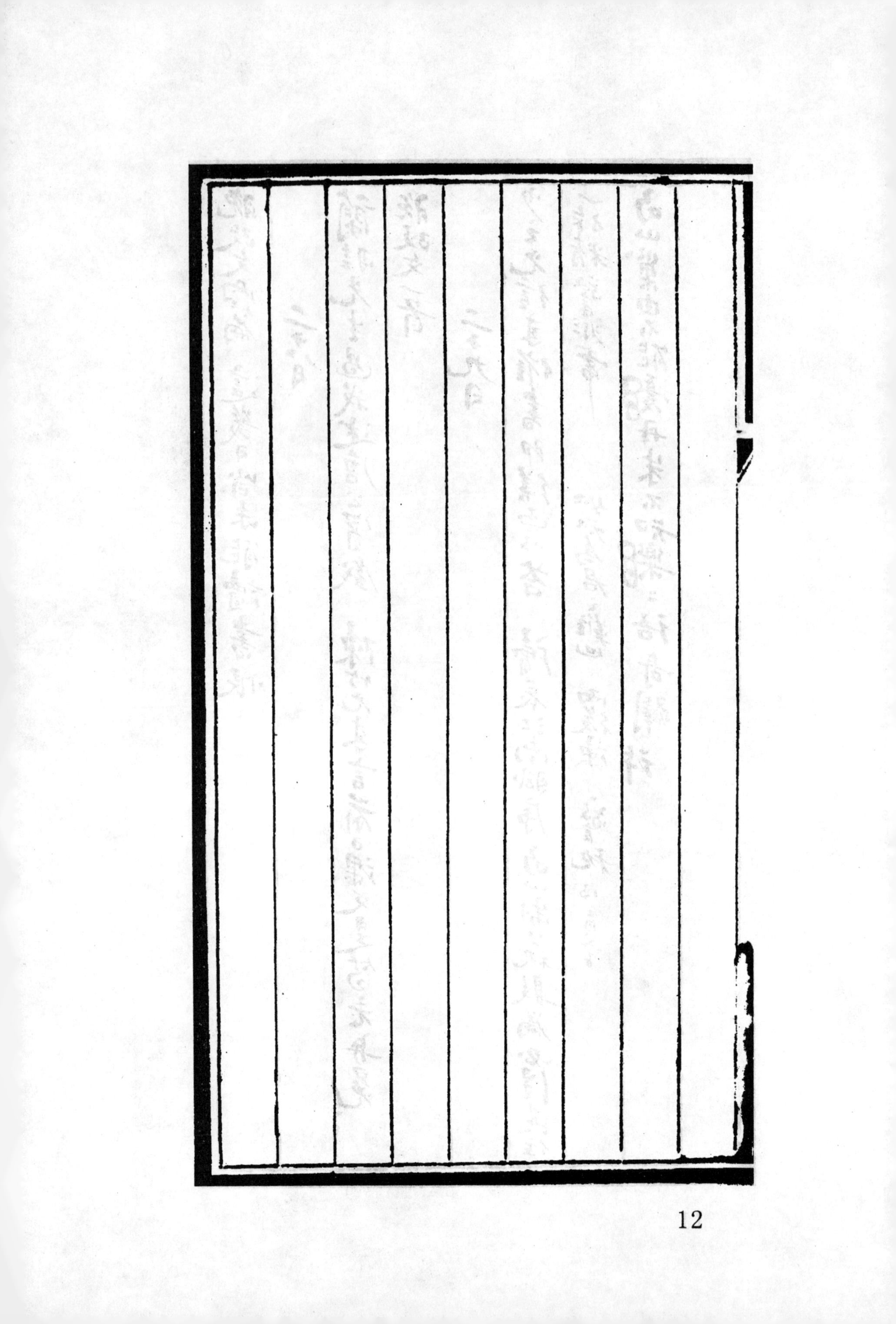

三月初一日

閱困學紀聞論語類　隨和師同過蘭丈觀詩　讀句山文　益烈山澤而焚之云征苗有贊元戎傾耳以聽談兵草昧未闢萬民安堵而觀從火

初二日

晚約星為禹言堂如小酌　星假周頌已義　崇假句山文二本　甄別考案余卷第一前日閱是篇文首選不解何故易去　五弟為我辦書燈一張

初三日

錢生題惟我與爾　蘭亭修禊　屬雨卿明陳蓀洲兄卷領回　改文一首

三兄信來云圖說已收并述鎮江縣試顏生列前二十　閱困學紀聞公羊類

少鶴先生出學有試卷送來　驅飛廉於海隅而戮之題文極精悍幽邃老將

園自不凡　孫師招同北溪看梅　節已上巳春寒如故

初四日微雨

復二哥信　雨絲烟柳欲清明　閱困學紀聞孟子類　改不以三公易其介文

讀句山詩文

初五日風沙蔽天

到清來堂賀少鶴留氏喜事被陪客放學一日　聞中丞以父恙去上海少留

初六日甲子

小課題清明也各一　請風箏七律　祭祖　讀太白詩一本

初七日乙丑

閱三家分晋秦并六國兩本末讀于才騈文 白山時文

初八日丙寅 清明 風日晴和 薄暮微雨數點

過楚丈閣其舊藏顧蒹庭書目 於戴省棠刻書 温左傳讀韓昌黎原道及南山詩 查公同陪孫師以蘭棠如午飯 後同游北郊 地藏菴有顧復初楹聯筆意偪佀夢樓 從以蘭處携來茶香室叢抄四冊 蘭丈邀晚集

初九日丁卯

禹言招同以蘭棠如以樓茗話補昨日之不足 徐南茂齋同過我明遠有慧未到塾 鎮江府試首場題 江漢以秋陽 禹慧皆酒

初十日戊辰　早陰　午晴　晚有月

點論語注卷一　因不失其親　周生烈燉煌人　七録云字文逸　本姓唐　魏博士侍中　釋文序録云字文逢　讀曾公三昭忠祠記及太白古風　放學子中陪研師游北郭　晚誦南山君子疾沒世而名不稱焉三首

十一日己巳　晴

過點董卓劉虞公孫瓚陶謙袁紹劉表列傳　白馬義從　張飛燕　閱茶香三室叢抄一本　論語中吾我非一義　吾為己言　我對人言　還次雲鄭公碑

十二日庚午　晴

點論語為政　閱茶香室叢抄　研師招吃鯽魚　坐有禹言　心蘭　崇如

東風橋〻人家失慎　同三兄沐浴　明日祖妣冥誕先期懸容上供
又從竹四所假得俞氏繪抄六本

十三日大風　辛未

至西宮行禮　讀耕山公自訂年譜爲之淚下　午後孫師浩翁三兄同至茶園啜茗　晚設酸口雞餞方丈首座

十四日　壬申

書院官課題　且在邦域之中矣　五言子路之詩學成如麟角得成字　命文思頗艱作一卷又爲湘翁代庖　吾才既竭強乞三兄助成之　尾七探美知不免矣　貽誚小友　題不可識三字　欲語蓄雷同得蓄字

十五日 雨 癸酉

點論語八佾 通鑑輯覽唐元宗朝十頁 過園曾出古文三篇 青浦福刻本選輯

精當 然如錢漆齋先生制藝選仕雲亦守老安洪序 閒而帶載 亦可惜也 讀史四頁

畢遇至二年題文一首

十六日 晴 甲戌

豈課詩以啟之君子引柳眼昨青子揭雨琴家去 禹言爲送我送漢字師承記

前日淡錢生調昭云暮入抛淚雨入宿化羽星 今日用之 即師曾作此題一首云 楊柳

多情甚依似古雲 柳入衣 脱白向我眼 垂青 孀態 新煙胃 帶痕宿雨 經

殘月晚天易倦 終去為誰 醒影 惜景三分小 金甘載 點星 墜 穿 飛如紫 路鄉 邦 中 如

陶亭眉黛浓，目黛齋子舜来，倚诗人之赋物相对之游河。月光甚好。夜

与家崇老谈之。

十七日　晴　乙亥

阅汉碑子师承记一本，余嘉农先生家[翁]好读书，已十书，曾[某者]即赠以十三经注疏、十七史

及说文、水经注、汉部、隐荻、四海广韵，后见斯人。星南过我，携我甄别卷去。

放学后，随知师、星兄同往南郊观碧桃，吟诗屏人感看过诸老贱之词。白驹

一驶，大是可惜。月上时，即在[illegible]所晚饭。知师述当年考书院第一，子姪子赋题以云：

夫鲁至今，风流歇歇绝矣，而良俗美意犹足使目染耳濡之小军员大雅以成名

盖[知]鲁宫泮水之昭泽长也。若人之在五江[illegible]迪可谓能自树之者矣，而砥行立名犹必生

磨礲明文物之邦。殆他山之獲助。並以嘆窮鄉僻壤之進德難也。洗足

十六日 丙子 大風

邀孫師及星高宗之之小樓茶話。高言与余争作東道。 蔚如君信去

閱漢學師承記兩本。武虛谷之哭，程魚門之笑，汪容甫之罵，皆吾心人也。

十九日 丁丑

心蘭過我。携去所錄記一本。還其換柳耕之書聯。句云：君擅二權書擱置是信足

平原薮我惭承祚，建立待期登元化方。 晚至西堂院。留厚甫及栩卿、訪翁沈君

飲

託青宇為裝訂張保官遺書

二十日 戊寅

抄國朝經師經義目錄　江慎修先生有春秋時已分兵民爲二之說因思孟子所謂壯者
以暇日云云，即是除兵爲民之意　擬以明作文一首以暢其說　晚晤陳宣甫之弟自巳
安抵京门　丁壬瀛補工科給事中

二十一日己卯

三元過我塾道遠一日　第二次官課者係三元之第一界若季兩皆首選以毋書遣東人
之志乎　校閱書院春課題揚子雲難蓋天八事以通渾天說　管子地員篇釋德與義合
維俄法連衡論　謁丁師未見　改文一首

二十二日庚辰

改文兩首　點通鑑輯覽十葉　唐世中人預國政自元宗任高力士始中人預軍政自元宗

周易畢始　閱張惠言七十家賦鈔序　寫信寄二哥

二十三日辛巳　穀雨

課題且爾言志題　苦汝不能歸　改試帖十首　點論語里仁參乎之參　有謂宜讀作驂　若謂孔子與義相合　余案說文森（木多皃从木从林）會意　讀若曾參之參　據此則參爲所今反　與森同音　以爲木森眾也　與示眾也不必泥在與參前之說　而改讀爲驂

點通鑑韓信五葉　寫白摺半字　久不作小楷　規矩放弛　多有倨強拙處　可恐

讀雲逵我諍文　述之兄前日書評　甚好　程雅蘭來　述蘭丈已由上海川歸

閱易經列文陳光宇　真是健者

二十四日壬午　雨

寫小楷八十字 點論語公冶 後民壽李題圖七絶六首

二十五日癸未

三兄下午招往襄荷精舍觀桃花一朱一白嫣然可憐 漢學師承記精文星南

寫大字二十 閱茶香室叢抄 瑞藕遺書六種 匠以裝成冊呈南雲二兄交裱爲當

爲其書面行之 晚到店請父親安

二十六日甲申

點說文水部玉女部 小題課 征郭傳李常第二句無似此 閱五經小學述一卷 丁師明日回

十壽晚與三兄往祝高晚飯 爲李寓濤樊則任一聯

二十七日乙酉驟暖

東

至丁四之家拜壽 又至黃石生之家賀喜 地滑於油頗難行步 寫小楷四十六字廿
過石鴻看其所作觀風文二子 頗有可法 閱五經小學述及柳氏說文引經攷異

二十八日丙戌 昨夜大雨 曉來放晴

點說文女部至亥部 此書於庚寅年即從事點閱 因循到今才竣 予學業不恆其
德或承之羞 或承之羞 可恥也夫 詳稱儀禮亦曰禮記 漢除挾書之律而張蒼首
獻左氏傳 迄平帝時左氏始立學官 斯文題梅園是也歟耶 寄學記畢俊民
購書目答問等書

二十九日丁亥 雨

收林寫給後允信帶去 母囑君信去 閱段注說文敘及柳氏說文引經攷異

改文五首　辛斐春校閱課卷來陳培壽一等第四　寫小楷八十

二十日戊子雨

點論語雍也又通鑑輯覽二十頁　祿山之反林甫釀之國忠激成之　顏真卿師古五世從孫許遠敬宗曾孫　閱莊氏弟子職集解　紫陽書院文以二秦為最

四月初一日己丑 雨

録朱正元俄西伯利亞造鐵路經費道里时日論 至三哥家晚飯 坐有小蘭韻蘭

初二日庚寅

書院小課生題 驥不稱力賦以願視清高氣深穩為韵 石泉槐火一时新得丹字五言八韻 陸宣公集書後 擬東坡先生郊祀慶成詩 戴冕解 序則物當棟堂則物當楣解 晚與三兄同過心蘭

初三日辛卯 雨

用騷體为驥不稱力賦一首有序 晚作小試帖及擬詩

初四日壬辰 雨

早到齋　草宣公奏議書後一首又注解兩首　為老生揚秀和賦及試帖十論七絕注解

申報記揚州大閱一則　鋪張揚厲極形其盛

初五日大雨　癸巳

諸生皆以雨未至　寫大小字共百三十　點論語述而泰伯兩篇讀周易一過

抄補弟子職集解一葉　瀏晦早息

初六日甲午　晴

和師述張作柳塘詩四首　日若使天生能穩重　此身常在最高枝　句　閱揚雄解嘲

賦　韻蘭來言前日小課題目除二童生試帖外無一通者　以長課案彝名取超等

餘均不取　李恒卷批云不體要　体要二字不知出何經典　安向寧老耶之卷中用得

書麐麐二字彼此不能加以勒帛無此事頗與知閣如先龜龜二字同一被蒐

晚過三兄閒話見丁師威擬詩　溥玉山令宗師試松江詩題舟大任重賦以舟大任重為馬

駿遠馳為均　杭趙書院肖選漱琅之賦論極佳其論漱琅君三君自為之漱琅君性安之漱

琅君賢文之漱流　閱五經小學述

初七日乙未晴

初八日丙申

初九日丁酉

初十日戊戌

歲考定於本月廿日　敬齋翠記長黃元玉楊聽園雲舫行伴

十一日己亥
料理文債　放学
十二日庚子
暮上船收風往小金清
十三日辛丑
收風午前至仙女廟遇雨未開舟
十四日壬寅
午前至揚州　同會試楊信丹徒李慎侯二人
十五日癸卯

到鎮見二兄，闻谈一切。連日皆以茶香室叢鈔消遣，殊無趣。

十六日甲辰

由鎮開行，晚泊黄塘橋，去金沙十六里。

十七日乙巳

早到潭，覓定一山車，至袁姓寓所。此時事畢甚寥寥，發家書一封。

十八日丙午

過李未畄寓。

十九日丁未

游顧龍山。山之對面為溧陽洪山。南門外里許有戴林倫墓，明萬歷間張翰冲

題碑日詩，夜甚工。墓前有石闌，橫書唐名臣戴叔倫之墓七字

吳蒲孫來談，據云故事頗有趣。購李年直看墨。張書巾來函

二十日戊申

往書坊閒逛，鐙樣兒價甚昂，即購袁文箋正乃書局。顏生來

二十一日己酉

宗師按臨。過子澄先生寓閒談。撤購平津館叢書，交措價

學師處送來派保單，計卅人。康氏來訪王宗卿，參孝正，于陸先生手

二十二日庚戌

黎明即起，過班話，醒廟，宗師臨謁。書畢，與洪先生謁，邀而話

過吳書岩未晤　偶撿殘碑一紙調曉省內有眼睛陸君勝青袍紅之語

二十三日辛亥

盧楚胡曉應考古試早起送之　又白季約葉康泉小味秋立坐　栖湖至

湯銘新來畫詩未結　寓中白芍藥一株兩年未開今年特開花十餘朵

路過銘之蒲牒寫書以載蒲如牒編用寫書為韻帆帶夕陽邊

二十四日壬子

府徒溧生員赴場寓中應試共連嚴栢湘共五人　府如雲自視至使民　往行如此可以然

吳玉欣文　深求在家此地至有命　以乘之成茂禮樣來

二十五日癸丑

二十五日 武服九駁以周生列遞下乙工御世爲領 通揭書院題解詰難以武生列遞子爲列子學

憲蓀晤廷下大字鈎去興勢 覃溪初宿韓表 蒼拜蒋懸展

二十六日甲寅

丹陽與駐防會試合日同場 陽卿之孫易玉璈第一義 駐防劉之伯共之玉芝華承陸

試易之曲贈玉後之聯業 鄉老獻賀錦書 余以第三人徵老詩至二百人始

移徑在龍門口問先生 晤諭一過 生古黄桑 經學第一林之禮 詞章第一書

奎昌同寓胡先生遞上預選了 晚過好雅弟問話

二十七日乙卯 雨

丁丙豐胸甚佳 三更湛來商結 生古霞試題 麈尾素琴賦以東歸上嶠麈尾

素琴兩韻　賦以稼穡作甘 以甘字　夜為楊張二公談更鼓

二十八日丙辰

册結都已畫畢　今日午刻進册　早過厲玉甫韓臣川　往章宅弔喪　吾欲觀禮

精附部餅至回巡撫　前之濮 有取且楷　江右之黃以羅字　誰臺且立邦國之

中丞是社稷之臣也

二十九日丁巳

補義考題　毋自欺也　以義制事以禮制心　午後與子靜庭川茶話

五月初一日戊午　陰雨

丹陽童生丘錫　問柳下惠之風者玉聞者　下午山東省一等桑同寓相從嚴尚高朋餘

皆未入選　徐童提問東方僅存者戴[illegible]三八

初二日己未　淡晴

廬[illegible]之劉[illegible]從[illegible]面[illegible]不[illegible]之[illegible]　壇童天何言哉四時行焉　深童百物生焉

天何言哉　通場次題兩人自有此句　共嚴[illegible]登南城望[illegible]陽[illegible]山

逼[illegible]諸詩文　未清味秋訓君[illegible]寓

初三日庚申

於蓮[illegible]處[illegible]試　不如鄉人之善者好之正兩難言也　端午獻[illegible]壽[illegible]壽　[illegible]

過隙陰堂牘書

初四日辛酉

複徒提覆 往扑吾言無所不說也 孝武 遠岩肤 蘭簿 白山之子 午後尚閱案

東台進兩人一毛一表

初五日壬戌

弄昌提覆 律丸也玉書人 循名責實 午後出集顏觀堂第一

初六日癸亥

壇溥抹後 丹陽陌之 兩君補撈謝學

初七日甲子

新莽稱僭 無始人偈至如得人天字學 惟學道志稱新部 新韓律蒼頡碑一部

初八日乙丑

武士騎射畫 下午訪宣老 看活思諾近作 閱唐代叢書一本

初九日丙寅

寫信與季少芝 武昌內場 購漢馮公碑、在四川 借朱清先生

雍紀姓船

初十日丁卯

以青蚨五伯購漢聞憙長韓仁銘大快、、 觀墨卿寫小篆

十一日戊辰

与雲逵茗話，述及江左書林有董氏國語正義，即桂馥之，其書甚精美，始刊
於庚辰年，故香濤制府亦未見傳本也。又於宛委山莊得廣東刻文心雕龍
及李注曝書亭詞

十一日 己巳

午後偕李木清、姚鐵耀、胡小濂、嚴笛慶登舟，晚泊坍村，此次所坐是無錫
快船，八窗通明，遠望五洲諸山，頗豁心目。鐵耀亦篤好陳玉山文昌戲之，味竟
有同耆，亦云衰矣。

十二日 庚午

早過丹陽，晚至京口，小笛、鐵笛、笛翁皆進城，三更時西門外茅屋失慎

十四日辛未

寓春申楼 晤三哥畅话一切 读五弟家书 知前次小课卷取超等第一

夜事为臭虫所扰 不能安枕 然烛抄陈先生时文八首

十五日壬申

色耀之约茶、后过三哥居内间谈 见申报局在西馆 丹徒李慎侯汪庆生

晤三甲 下午与孟先生遂至东风庆小坐 另雇吴舟往东 晚就船上宿

十六日癸酉

何仰之招同三哥至鸡鸣园小酌 午后与二兄江干散步 阅轮舟上下

晚在老五家见高熙台 阅圣武记三本 又读林文忠公奏稿

十七日甲戌

晨由鎮開江午刻抵揚州　留樓住進城雇回船

十八日乙亥

走東臺訪石發民兄偕甚趣居　怡亭茶室是陸雲衢洪公　杭州張雅侯樹

我舟到東甚人頗與道貌類李直先生

十九日丙子

由揚開舟順風至莊家橋　薄暮微雨　閱聖武記三本

二十日丁丑

午後即到家可謂快極　請兩大人安後至姑母處一看

二十一日戊寅

早過三兄及星南禹言　午後三兄約至清一池沐浴　詣姊師下師　寫家信致三兄　閱宋學淵源記　未清過我石值

二十二日己卯

禹言招同心蘭茶話　閱畢　心蘭午後過我　湯城守之先人仙逝往慰之

心蘭索觀韓仁銘及谷朗碑

二十三日庚辰

張慎文約茶是孫師　閱南青文集　晚閱諸生條例一過

二十四日辛巳

臨吳氏寫本說文部首三十六字　點先進注　黃儆居云先進即先正君子野人已位

言　閱黃氏禮說畢其論月令非漢儒撰足補孫平津注所未及

溫白山四字並篆不停　晚閱董增齡國語正義　讀離騷經一過

二十五日壬午

臨吳寫部首三十六字　點顏淵注　讀懷沙惜誦　閱黃氏經說畢　又閱古依

巖古事比一卷　寫信與明遠　禹言過我　散學日過伯鴻　燈下閱說文

釋例

二十六日癸未

明遠午後由興至　陪姻師小睥　晚閱汪喜荀孫兒編　申報有明年

未卿秋會之説

二十七日甲申

鈔白山文一首　閱説文指事例　今科會墨極佳，如李希聖、屠寄皆非執時文中

討生活者　閱述學補遺

二十八日乙酉

師臣有信至，云現立功課，經則日讀三禮，史則擬編遼金元三史會要，有暇即印

閱經學編及東華錄諸書　星南過我，云近來頗用力於時文，大是佳事，渠去

漢學師承記二本　抄白山王相國一首文　閱説文象形例

二十九日丙戌

明遠文題猿猱猶可詩徐陸生書靜　鈔課陳老宇時文二首　閱孫淵如文六天及感生帝辨　點儀禮聘禮　過伯鴻未遇　晚過三兄談話見畢復民方文之函閱

高文之氣象較前迥別　士別三日便當刮目　況乎吾友之進修無已也

六月初一日丁亥　建丁未

禹言來述碩潤翁有谷朗碑跋云此碑搨本絕少王氏萃編未收碑文既釋於大興翁氏及武車農超超寶是驚字云云余並以新得碑證之首尾完具而獨脫此語恨無翁氏兩漢金石記一一核證不知余前得碑者能化語否也　從禹借得假以思適齋集　既閱其中金石跋尾　為[illegible]補補又有待作補補之文作備備

禹言又有張椅谷先生文集亦有借觀

初二日戊子

閱聖武記軍儲篇有云康熙年將定前兵十二萬用額兵十萬養育兵二萬也

又皇朝經世文編公奏言營田疏中引雍正三年怡賢親王興辦畿輔水利云云

晚讀顧千里百宋一廛賦，與黃丕烈作 宋伯仁字器之，有梅花喜神譜，分八類，各系五絕二首，詳載跋中

初三日己丑

寫吳縣志文部首三十字 抄二陳文兩首 讀通攷總序 伯鴻過我，述其所作懷人詩 閱説文象形字例 讀公孫弘、張湯、張釋之、于定國四傳

初四日庚寅

閱竹垞先生蕃錦集 為人寫團扇一柄，即錄竹垞詞三首

閱放翁詩一卷 又南豐文集 晚擬仿曾文正看讀寫作四項下收經史，今日即從事

初二日辛卯

看說文形聲例　讀經義省錄論語三篇佳篇　寫說文部首卅六字

作直躬非直躬說　又改作懷遠樓記猶可文　又看顧千里集一本

初三日壬辰

看揚雄傳微以纏繯顏注微纏也似誤案周禮注微識也微以纏墨即識以纏繯

讀書雜志謂微東也之非　讀文獻通考總序一篇勉強上口　寫說文部首卅六字

改作試帖一首

初四日癸巳　雨

天久不雨甚燥悶編　下午西北黑雲如墨頃刻西風颯起電雷交作大雨如注至

戌刻止，約得雨寸許。讀林則徐《畿輔水利議》，藉悉當日怡賢親王《畿輔水利大要》，撥作一卷，未畢。陪孫師小酌。

初八日甲午　晚微雨，未晴

寫《說文部首》三十六字。溫《經義考》目錄易學一篇，又《通考》總序一篇，暨《田賦考》序。閱《說文形聲例》（形例共十一，脫去第二頁）。通閱《直隸水利說》，讀《怡賢親王畿輔水利奏》一首，有序。父親東至李府，旋坐舟到店。

初九日乙未　午刻大雨

早到店，請父親安。作《旗差育嬰緣起》，又《孫淵如與友人及感生帝辨書後》、《王制月令非秦漢人所撰辨書後》，共文三首。晚讀惜抱先生詩六首。

初十日 丙申

臨永志課卷通紙二千字 晚携管求星南留之印泉還南言齊過三哥許

論談玉子祠姑歸 觀星南所携未書題跋

十一日 丁酉

寫永志卷 寫說文部首廿六字 東俯來 溫通考總序讀錢幣考

十二日 早大雨 戊戌

陳輔清至 吟紹來 閱莊櫟老宋經子本未竟 改作黃生錢生試帖共十六首

寫團扇兩柄 康節云二十八宿 朝經算文書子夜集 吟紹留南朝兩史詩百首

每詩必寫以論之甚有其事 前日在金坛見書坊有蔣氏合刻馬陵南唐書

片甚精美，惜交研自失之，其書坊名亦不甚記憶，彷彿是文華二字如是也。刻

日信致鎮江文華書局，詢其上開何也。竹年携去程君肖狀。擬向摘泥假續集見

十三日 乙亥

上午不雨，悶。既雨，勝亦佳。寫部首三十六字。細閱年四事，但書說文釋例二本

孫作以石君未能也文。二兄由鎮寄來鮮荔枝，家人分嘗，香味美無匹

十四日 庚子

寫部首卅六字。讀戶口考序。看思適齋集，中有爲汪易林作序，頗錄稿

孫作黃山文。徇鴻携其壽悔庵詩稿來。三更，伯勿思來偷稿賊，攫去服物十

餘件。寫復元之信，并信致緝安堂補書

十一日辛丑

早峰更催來收失物 聞粤給之并往如所過令速捕 寫鄙肯三十六字 看思適集

星南遣弟來假陶菁文集及清家集 改作黃文 二号寄甬臣信

十二日壬寅

誦范詩寫風翻半浦龍荷背 理已聲之通考序 看假借例 改作六書試

帖三首 論語會說是禮語不可以氣為先 以星南所假李正德文集

燈下偶閱續苑通有吳叔真太守谷朗碑全文一通 妙之妙不可言

致湯廣帀 光岳既爭風氣日清 文山集亦用之

十七日癸卯

寫部首卅六字 看說文異部重文例 改作六弟試帖 理通考序

晚過三哥 到店請父親安

十八日甲辰

讀陳奕字叟 去舍月請劉師及陸秋心蓮詩君 午後偕三兄會陸鎬甫遇

閱思適集經苑

十九日乙巳

寫寄二兄信 托寄屠日信都门 寫部首 抄玉山文二首 讀靜投考

看釋例 劉師云逐當從豕省聲 閱思適集

二十日丙午

戶口序云光岳既分風氣日漓光岳二字不知何解以問文文山題張許雙廟

詞云自光岳氣分士無全節知光岳二字為宋人習用之語然終未得其原

起昨詞如師云廿三字當孟印言三五也　祝宣谷母壽　寫部首

讀玉山老青西之今下節文　三兄挽玉樵去聯承祀二本速刷共二本

蘭老有啓文稿

二十一日丁未

寫摺扇團扇各一　抄玉山时文　過楚丈錄同造丸方　午刻到店詩

父親安便看新製衣書廚　改作明遠文　讀經權考　寄興信保并摺

二十二日戊申

吴芍孫早來 同詣同紹之俞館茶坐 看三哥昨第 晚李姑母筋骨腫痛 今請杜

海涵來診 與三兄往捕署看文未會着 寫部首 録續苑中谷朗碑文一通

扣人儀上京之京頗似惠字 散步 與三兄同謁蘭文 讀及寫日記甚有益

二十二日己酉

先祖忌辰 父親到東視姑母恙 與其婿於輿一句

二十三日庚戌

滄之太太仙逝 往候唁 來信得三兄禀文 王書厨已告成 改作朋遂君之說

自撰祭文 摘録歐陽碑跋 朱次雲下午過我 云其近日從事選學

謝如山爲梅閣梅字 黄山谷君畫狀愛之 接一聯云 句有色笑[illegible]全[illegible]

鬱庵 施均父信，劉士人信，施子見隋倚佛尔雅頌

二十五日辛亥

閱色廿日論方一卷，又讀儀禮詩，兼看讀經義目錄中書經一篇

二十六日壬子

看藝舟雙楫一本，其中十七帖疏證極詳核 羽逸借夏印書五排材鏡四號者

讀緒孝論 寫部首三十字 浙江尺八紙臨帖最好

晚接兄信，寄壽寧堂節公集西來此書，祠刻札楷中翻影李子嵋畫

刻之藏其板於焦山之海西庵，庵東畢能葺隱椒真印

二十七日癸丑 晚飛愷同西蜀り 前兩日已見之

看金正希集四本。其郭趙宧光序云：余辛酉歲，首大書一匾，不通觀

十篇，則甚。八字者中橫拖直抹，忘忘恨不欲赦劉者，竊嘗相當日知之者亦

稚而去文之源通幽，憲人不易知，亦可見矣。又論學字之文，皆杖著論，動指

儒者說法，能出自家胸臆之見，國初朮益，孔佛家言而好者賦者

臣當日書者云：窮年讀聖賢之書，不識所學何事，一旦享君父之祿，

職思其憂，所謂事，曾四語最足長人志氣。見申韞首辯志文曾

案陳蒨壽詞章詩等。錦瑞徵、錦侯、徐馮、姜徵程之駿，均可列詞章算

學。吾鄉多矣，今我曾之愧

廿六日甲寅

早将出曲集寄周易寄信之臧统交马寄镇　尧生到馆送事前次

小课　尧评去殊诗集稿书因寂、焉语两源添性事滕状任饭纷明

星南过我催去译例一本　楞文役董图堂嘉八通以自题也白石先生

题大有昆最佳　读阳伽罗记百小字误送正文者服皆摇冕副之

看展转相似及列文洛南二篇读往又目录写新前段作腊遗阳弟回文

旁言闹头荣九晚也为饮鸦话

二十九日乙卯

早看四库未收书目录　郑子家法十三卷　宋吉天保撰　理易新目录读　市雍土看

阅周三考序　录陈克宇老青两之合下节题文　看卫青传民母之子不以兄弟为师也

注疏俗本亦先母之子不以為兄弟矣是亦無增也案史記亦作先母且彼服虔注先母嫡母也而此云母嫡母也之作服虔注此有誤矣唐時所見注疏俗本者同未可厚非也

邇來食量之大較去歲肥大十倍尋常兒稱之得六十五斤每早必啖餅六枚粥兩盂諺云獸之饑亦可謂異矣 十九日申報信貴朝考廬本古以知鼎閣 燈下閱協藝記五種

三十日 丙辰

看未收書目提要一卷 孫陳老守原思為之章二十節文 二十三日報言日本崎申電舊有聖廟今李乃行星使撤重修 看段氏六書音均表及王氏讀書雜志

燈下閱儆季記 石壬之禘禮記之與殷禮有如殷禮之禘禮記至算術之時未改也

後六月初一日丁巳

記朔遼代錄爲宋一麐賦 看阮撰程要已畢 宋錢諷撰史韻二十二

卷，此書摘史爲依韻編纂，采成語至二萬，亦嘗割裂原文，洵著書之

良法也。振綺祖實錄纂永樂大典時[illegible]錄[illegible]等稱虞觀[illegible]府同濟二書爲雅

而統采摭於廣紀載大典之，別搜遺補闕者之責，紀[illegible]此也[illegible]魚亭

其曾有校自爲余補史韻，[illegible]甚惜不能刊刻之語，未知即是補此書否

謂[illegible]師是誌 [illegible]閱[illegible]臺[illegible]畢 其中以子[illegible]歸[illegible]正文[illegible]者[illegible]衍之摘云之處

也 寫部首二十六字

初二日戊午

阅王伯厚玫史两本　学如牛毛成如麟角出魏蒋济万机论裴本传济字子通楚国平阿人万机论本传不载见太平御览四百九十六抱朴子极言篇北史文苑传及唐王䂮自叙其集为麟角集皆本此　灯下阅国语祭公谏征犬戎一篇

初四日三　己未

阅王伯厚玫史一本　从吟伯许假来王偁东都事略一部　改作肩卿试帖有如射雨北之者　昨别黄湾甚久矣　尔后战日昏字

录冯绲碑文一通　碑作字皇卿本传作鸿卿碑于北宋崇宁年间出土渠州进士张钧等重摹上石中如圭荐之荐深行之深帅旅之帅刑勉之刑恶所非似鉤别旨日原碑點画赖摹本以存者正不少也　一兄寄来校书课之毅四本

初四日庚申 欲雨不雨 熱甚

伯鴻午後來 詢沽時 許其題將經義目錄一首 早發閩信一號

三兒下午至段去 讀文一冊 同過穎蘭未遇 老帖所生二字不當如色氏分讀

初五日辛酉

閱五丑校改課藝三首 孫師招至右局小聚半日 看[illegible]女在坐

初六日壬戌 連日皆熱至甫當

校閱石室墨賸一過 閱王伯厚攷史一卷 孫子[illegible]一條 引鴻水李氏 今謝山

云原本作淇水 按淇水乃李侍郎清臣 有集 見年譜 錯前 引鴻水 列傳也 閻氏

以淇為鴻 從以是 李書引鴻水如字耳 城李東都乃田文李清臣詩云清臣衛

汪容甫哀詞 述學別錄未載

入淮水道也 澤卿寄男壽年浙局新刻文選 今日甚熱又康成多發

初七日癸亥 熱如昨 寒暑表已升至九十六

夜熱不能寐 檢聚珍版即起 看絳陽宮記、西蜀後祖所撰全文載李東部

史朱勔傳 讀淵穎先生集碑銘類 廣陵通典、閩方補記兩序已載

驛文類苑 玉楊妹柴家帀 （不碑陰左領軍將軍全氏問 華編以為薛）

仁貴大祭謂錢潛研跋尾讀作李公口吏家諱也 （改全氏問為新羅王子 其名一青於）

新唐書高宗紀、新羅傳及事逸 載於朝鮮事史界碑 千萬云 ……

初八日甲子 仍熱

過錄歐氏鹽鐵論四序 寫張了童子影本即臨皇甫府君碑字

讀書非得 撰殷君夫墓誌銘 記蘇林鎬著臣淮文樹生詩帙民行乃力扎
太白石多刻徐渭行書暉臺書畫記中 鄉人往易署韓蝗
晚閱李齋金石考異 張叔未不羣從且札君殷亭林以說且為隨字之爭不知
非也說且種種經也 讀見石經六書集字齋墨守碩說未深究耳
寄復洋洲萬氏信
初九日乙丑 午以欲雨而卒不雨農田利害遂惶食奈何
胡曉蓮一首 大清會典謹其篇之表以表兵緣起 據作為云前月壽上海
課蒼已授剡 者要索未取回 寫部首世六字一首 閱古小題文改作若干
詩 三兒下午至庖晚飯 攜去聲民記又四本 合前四十本

初十日丙寅

午刻暴雨如注天井成池约三刻始止快哉雨後搽簾拭几洗硯滌筆

寫清卿臨本部首一葉精墨間有含潤氣 錄玉山文一首

看王伯厚經史東塾一卷 晚閱周禮得天覆陰也無散陽之文呂記白石

神君碑妙不可言前人皆未道破快哉今日竟有兩快亦是快哉是可

十一日丁卯 微雨

陪侍母及三兄牌 是日未看書 寫部首三十字

十二日戊辰 微雨晨陰往訪紫樵

寫部首三十字 午刻至萬隱緣處 挑燈看轉注例二十葉以補畫策

與邑生講題講話法

十三日己巳　大雨　微見秋意

諸生皆未到　明遠之題吾執御矣　午四才撥執筆開業之捨不見

惟不欲出是日并字亦未寫　甚磨光陰

十四日庚午　大雨

星甫過我一談　別緒甚有所疑數語　此良友推之四通蓋之也刪

默坐滌儒甚倦一覺　註明遠而如函化之書一篇　申報之承定活漫

晚閱王仿古校註課氣　五弟過我聚談即去

十五日辛未　江蘇午初一刻立秋

看王伯厚攷史十頁　誦香山詩　寫部首三十字　改帖卿文一篇　月下與五弟斗樗

蒲遠半里外有一燈弟能見之余不及也記五年前在金山為窩中人看國策去

無卷十五頁誦漢書上卷一、無訛以今核之目力亦少減矣　閱有七月廿八邸鈔

揚州之說　順治門外南橫街官菜園上街香山會館對門

十六日壬申

寫部首三十字　看翟晴江爾雅補郭　內引丹陽姜兆錫爾雅注疏參議

三條　案姜雍正間人　看伯厚攷史一本　讀周語　改水遠合之為閣也文

十七日癸酉

寫部首　看伯厚攷史二　看王堯祿寫書田案偽古文抑從諸篇及辨之甚

吴注书宜细心也　致檥尊

十八日甲戌　甚热

改服遂早　洛天气清　识字天字一联二韵　残一夜潞滋诗成　力费雨理到五更燈炬

草字韵拟天　二看吴郡甫文例　陈眉公书及積亭济阳纲目缺一本　又要往内经

唐刻一本　惜如当时讲借与柳敬离时失去不可知矣

十九日乙亥

写郡首二字　改服遂旨白石秋文　二看经义梓取抄／读周语　须精诗类

照在流作本作適迷　从六弟处取回旧藏书两種　二兄有信来云八月间可归

二十日丙子

陳芰湖物故，早与三兄往唁　从星南所轉假王西莊叢書四冊　陪三兄歸

晚閱分別文字增字例　又看喻嘉言醫案五則　廿薛姊耘英代義以日記

廿一日丁丑

看玉函輯本連山歸藏　又子夏傳　蔡景君可補前漢儒林　看東都事略

本紀世家及列傳一卷　寫部首三十字　申報云李少荃相國類中疾

廿二日戊寅　昨夜今日皆熱不可當

改胡遠秋易文一首又作仰文半篇

廿三日己卯　仍熱

胡遠因熱生病　又看黄氏孟氏諸易

廿四日庚辰　天熱如昨

讀華山評多大有我心悵著之意　稻荷葉葉揷盆

晚看說文例　及本月十四五六七日申報

廿五日辛巳　稍涼

看列文變例　六月十四莊寓竊案據地保來述贓物已有人看見　以當去

廿六日壬午　有風

讀說文一日　例看放翁詩　吾鄉語物之不堅緻者曰鬆黎纖網鬆槃

即絜編說文繫下云繫絜編枲紮也　劍南詩云鷹鷂飛鷹廣闢鳥排仗鐵馬

黃河夜泊小注云案此詩蓋崩業詩文有感而作也之語皆比詩文語力

廿七日癸未　有風轉凉
姻伯俞階青丈壽之茶登　烙丁師吟圖　汪雲遠寄來金石萃編
兩冊　三哥晚至為大伯母求方　孰程中洪七皆以病去
廿八日甲申
早晉鎮往一寄託取卷票　誦陸游詩一卷　星甫過我鵲訪府
許　羞瓶錫有老經說　晚看孔字者不盡於說文例
廿九日乙酉　仍熱　早晚稍凉
看爾雅名義一卷東都事略列傳半本　點陸游詩一本　寫部
首二百字　寫復汪雲遠信一封　美姑好下午由興化來述二母舅之意

七月建戊申

初一日丙戌

祝壽朱甸五十生日 發泰州信 并寄周禮正義四冊 點陸游詩畢

到店請父親安 途遇程稚蘭尚道生子之喜 改明彥文一首

讀陳光宇時文 汪寓甫戶部廣東司主事

初二日丁亥

月課文題 題有周人親三節 詩題安得廣廈千萬間 得歡字

作一卷

初三日戊子

偕三兄至高廟，三兄往陳家弔。晚閱文公勝張儆齋篇。

初四日己丑

與季思過集季齋，集唐句四叉，荻舟攜楊五六吉房法書、墨拓李

太白杜少陵兩集。六弟晚達，約於遠視孟蘭會。家藏陽書

大半磚損重四裝，訂至十二下鐘始畢。

初五日庚寅

往楊文霽閱書未得。寄周扇一柄，楊之隸。寄壽上海信一封。

雲崖、霽安有回信來云，和十二元不可。戈伯鴻來，假去讀文一本。

致董生先生試帖共十餘首。楊栝亭為二母賀問候。

初六日辛卯

晨課題白臨川孫兩峯手迹羅小峯樸依韻作兩首

初七日壬辰

早攜甯紹菜　往賀郡對屏節喜　晚師約杜海鳴來談新安席

過胡悅蓮信壯齋堂冰鶴　點杜詩二本錯詩一本詩題將是乎率業矣闕

丁亥年曾校一過今亦再閱也　教習同到店謁父安即過云光諸文閱蔚文

已歸

初八日癸巳大雨

過星南見瓣志題目二作舟司述其詩三十首名八角磨墨吟　晚閱靜氏

徐書　蘭生遇我　兵部生日

初九日甲午　有雨仍熱

乃煩文課題殿有三行寫一句　看書到將那雖眠　晚寫東州復信一頁

看鄭康成易注及易贊

初十日乙未　午正後雷殷殷驟雨一陣　仍熱如故

蘭丈招往叢園閒談　坐者有林師、金由宇兄亦有蔚如　而蔚如以病不至　本主禹言而禹亭作東道　一聚一散一飲一啄皆前定也　李慰揄中風而歸閩　林師亦言汪郎亭之中風　過蔚如問疾　看續古文苑兩冊　晚看鄭氏尚書注二冊

十一日丙申　甚熱

早發鎮江信，又寄內樹寄上海信　內子生日　看東都事略兩冊

翻三氣錄叢桌王之藝第三種蔡隱持等是為昆仲之文字皆持等

十二日丁酉　晴涼

求古居宋本書考夏季跋目　寫正續經解目錄於各冊面　送張渭家每抄來江

文通讀史詩五首　金鶚求古錄禮說甚佳

十三日戊戌

盧頤翁家冥壽　偕吳內侄鴻往拜　伯鴻一東老友百志之士也　其子所作文賦

偕吳尤如觀　祭祖　父親今刻來家　看鄭氏詩譜　晚與吳步月

過寶西樓傳西樂　蘇老泉有木假山記

十四日乙亥

早偕邑南翁言宴往蔚如家拜壽　接堯民信　接閬仙十三日信

月餘及小雅堂周經之哀詩

十五日丙子　頗涼宜單衣

撰林紹楊石鼓發論一首　五六兩弟及徐君鐵甫諸往北郭觀刈稻

購團扇一柄求白石文畫　新聞不合報載見子華子

十六日辛丑

撰秋聲賦一篇　求戈佑鴻書　[illegible]

十七日壬寅

搨雲谷山房贊又搨汪文通達也詩 以漢學詞章兩書條真計二千

餘字 下午飛蝗蔽天遺矢於地視之皆青草也

十八日癸卯

早飯後作一書寄鄭志青 請叔卿未返 到店請父親安 於及王鮑卿

汪標為弟寫照頭贊一脫長物 看史通削繁一冊 湘眉本 寫說文六十字

午後由塾歸 移列書廚於東窗 窗嚮西南 移於遠之楣於室中之右偏

獻經集於左 中倚壁設案一 左右有坐 讀書處也 南隱嚮明處又設半

案一為暇遊起居所 晚飯後位置妥之雜復散處 笑陳之亦乎矣

十九日甲辰

放學一日。將舊藏之書及新買之書分部料列余齋，以備就參考。

先大父之舊也，以村閒。父親述云：先大父時，藏書甚富，以避寇遷徙，每上書

大半零落，其所存者，惟詩古文詞若干種及醫家言若干種，皆

先大父所嘗寫過。今去先大父時又若干年矣，即此諸書常懼放失，

故每歲必曝晒之。茲又慕以近年來所得各部書萃於一室，顏命

此室曰瞰經室。瞰經者，誠以庚子日生，即用南齋賦豈緒瞰五經爲辭

故事，聊志寓當年所作之思云爾。至齋名則仍將就，不敢忘祖也。

讀《鄭君紀年》，君以丁卯生，余亦生於丁卯，不獨潛妄，撰更字曰周甫。

二十日乙巳

斠館課明遠文三首賦一首　寫部首六十字　讀陳玉山文　看鄭志

陳蘇讀集借經史雜抄序跋之屬　旅寓以備三元遇錢蘭坡文　途遇伯鴻之師

臣石信到寄來茶香室叢鈔　飲老宴懸曲園先生一聯云百戰文

風月雪六時清課畫書詩識不愧　寫作俱佳之目

二十一日丙午

課鍾泗文十一首　看鄭記及中候注駁異義論引云太尉周官別月令非周

公作之說　鄭君頗自忘前注而談　言之耳

二十二日丁未

臨漢碑四幅 看尚書大傳注 雨臣有信函云近日看唐鏡海
學案小識頗思從身心上用功且自知近年好著述之心皆是務
外為人 余告鄂君友之謂補過也前日閱蘭史述雨臣近文於義理之
學余初聆之頗以為不然即思作札與商繼又告之令讀朱子
雨臣已自見及此且知夫有義理乃能有考據有詞章別出根柢以成文
葉葵春之前遣順手正來函甚遠自愧不才終日仍是文為人務外亦不知
下夜眠不安我也耳 晚寫復電達信費并寄國經四年
飲蘭邀我言省長詳論兩事蘇案及以持等兄而可以意深究之想
二十二日戊申

看書畫詩　高言以二百錢得唐石經禮記一種　識足為之多紀之喜矣
蔚如借得將來　蔚如同樸去談東城文廟　且云蔚所作之書自著閱一本印
在伊寓所極精緻甚早即返　蔚如石將過邪金觀書　蔚又借畢局齋去
三兄寓叙閒言小姜仍留金鑄大明誤譯　知不能得回去返　十一日發之者
二十日己酉　閱大十七年處碑六紙
寄東川信并書四本　陰雨晴　星台過我談以半山閣書一本
山家藏石經左傳兩冊以筆之與蒼君田所得不同　擬當攜去互觀
二十一日庚戌
復民有信已來次筠短云早作筆之一枝　張叔的詩　處欽集所載

閱子嘉先生時文甚佳佳 君子純善如春風之重遲，小人之私怨亦不能也
抄御咏白門雜咏云：官柳依清絕青溪水，欲肩嬌鳴迎影來，與方王寄沈園 初十日
合齋時文為薛尉苗庶先生所評 兩冊貴 讀書山文 晚接兄來信，廿日發 並
補刻說文釋例一葉 又汪仙秋甫來，住云八月出京
二十六日辛亥 生不并時憐我晚，死無□□恨悔遲 某某挽某某也 佳也
六弟非輩會文題文學 賦得三豪後人為時出，得時字 看史通內篇
二十七日壬子
寫復二兄信，明日發 詩題滿庭風雨竹蕭騷，得庭字
二十八日癸丑

蘭頤過我　讀杜詩　晚閱會課卷八篇文第一錢王次之陸徐又次之

二十九日甲寅

看安遇外篇又讀緯八種　晚偕崇光至蔚文家一聚　吉甫星南弟亦在

徐天休以風寫字云　往迎苟鳳夏西樓以翁文恭送左季高與鄭板橋題竹云千磨萬擊還堅勁任爾西南東北風同一風采　作和聖韓江石烟草五十韻絕佳

三十日乙卯

改包生試帖　辨志書院齋課卷寄來

八月己酉

初一日丙辰 有雨

檢宋大觀算學孜未得 閱漁洋精華録 改黄生試帖 題程小鄦詩卷

初二日丁巳

西溪書院題顔淵問為邦兩章 葦葭霜冷鴈知秋 隱〻先雅碑至晚始归課卷

菜畝对时已三更矣 申報言夜三點鐘時天見彗星光分爲八

初三日戊午

爲三兄題程君詩卷 晚在三兄寓同題蘇生南壽言三君小象 歸館已十二下鐘

初四日己未

託立芳送扇子至，意寫精妙，蔚翁賞其工，云白石先生畫。蔚翁云可借之讀文完也。

日來還蔚翁真竹之也。又接二兄來信，云前寄京都之信已碰了底矣。

初五日庚申

閱隨園詩話，有朱草衣贈其室傳云：自慚龍尾無名士，肯把豬肝累使君。東米差袁子才先生爲題其一墓云：清故詩人朱草衣先生之墓。墓在清涼山側。史宋備集中補史編年等等，全採四庫提要。復二兄信一封。

初六日辛酉

朱柳門攜其所作前日課業來，文係三段，頗有龍門筆意。山長課題習相遠也，亦不移草一卷。五日稷詩不如完。詩題桂林一枝，偶得句云：青蓮才子筆，紅杏尚書詞。

初七日壬戌

早出袁生畏政文叢刊揭厲君小取齋之說　六角等文會第二課錢生稱最餘次之

晚到店請父親安　烏曹始造磚則師述叢文涉事雖博精瀏注引出有烏曹作磚博安細考

初八日癸亥

閱文獻通考序經籍考最善其中包括隋唐兩藝文志及宋中興書目陳振孫題跋讀書志等

寫影格一紙　讀杜律　點宋太祖紀畢

初九日甲子

初十日課卷案朱柳門第一六〇第四三元第十　心蘭過我假去續經解四冊皕宋一冊　七月廿八日報

戴宗堯生之字謀齋撫福撫建之旨為校節屢抗議相同　讀通考序　寫部首六十字　閱律例

初十日乙丑

閱志云豫州民二男三女可證周禮職方鄭注之不誤下午以此說走告星南為之大快 十三舍

悠是十二齡十三夜悠是十二年容耆 作舟送來其一所作八角磨墨吟寄中丞鋤艸須閑窗下

聊看花當是小詩心道越窗簾府初三夜佛在浮圖第八層諸聯皆超然覺性之語

十一日丙寅

閱鴻高先生卷 作尊學師齋記一首書 閱述周書

十二日丁卯

簡老若來亭述王公相視之意並云欲為文會旁徵飲即以學如卑南薈 下午始此

云東若三是宗三人均以為可 查三先前後倣此三人同此謂

十四日戊辰　雨，日正巳

讀姚遂文五首，鍾惺文六首，又試帖並首，又試帖廿首，館責一清，直追過節真味趣

也。晚與星岩同謁蜀文，飲酉過我處，代請東果錄。三兄、星之與家兄同飲茶談

十五日己巳

往師拉同三兄、星岩，在公府閒聚一日，至戌晚飯。星岩借去續錄一冊、萃編一冊

復唐庭信，於林早晨至

十六日庚午

與扇偕三兄、星岩過訪蜀文，聽王石谷術往家諸見其子一姪，午飯過蘭老，蘭老方作蘇之

行。往師有和張依舟詩八首，呈閱，原稿皆金鎮石點，頗閒，此稿尚未定之

十七日辛未

擬作熱鬧不全離騷砌未完 擬紫舒與三哥過白石先生

十八日壬申

早三哥邀同白石至南小廬閒話便過禹言 羽林賦續成

十九日癸酉

復陳司山文 晚與蘭陔寧如過伏勿文

二十日甲戌

生日 荔齋一月 前日讀孫師撰註唐人集四首今已撰成 為蘭陔禹言書寧如立會小聚 老岸携去陳司山文三稿

廿日乙亥

椽青餽飯五十一肩 木假山七十一肩 借寓言言家持服 於堂晤林叔壽言送至叔師

廿一日丙子

早過星南 請叔志謀事 晝寐閒於林下 晚因尋新得讀兄千首 七言樸節亂

讀書人所難辨 阜陽都轄臣之頌雜詩 頃假得三元同過白石 觀其所藏禮

器碑 魯侯上之字 著錄家或釋為夏之字 或釋為夏字 今按此碑上為止 下右半為叉

左半多人字 隱之不辨 分明是蔡字矣

廿二日丁丑

錢生趙之謙有以利五國平壺不取下問若之 程徵生為直詩 題木假山詩之子

謹遵吾序及與此文　燈下看儒林外史一卷，以嚴大位入財物得身其報公君之子嘉嚴之雅才

才其為嚴貢而後日嘉嚴二者均之甚可笑　求志堂張先生留宴

十四日戊寅　自去年寫千文，本年誤過一日，今日當為己卯

偕三兄、叔昆兄與王眉叔作會文，題為千乘之國至且知方也。查己丙一日至王大少子穆堂

次叔鴻其院家字林之、白三人，皆不甚以穆堂為嚴。晚飯後得觀其所藏錢衎石先生手

校漢書底書，大半用何小山本校也。又聞穆堂述沈果堂先生亦有校本漢書，其

摘訛刊誤，卒有千餘條。他日倘得合錢、沈兩校與惠、張二先生諸掌而刊之，（則以為甚

矣。　小岑來，附信一封，聞雲臺述少子書

十五日庚辰

卓之兄暨笛禹、笛生、西宾招白石先生晚饭，作舟陪坐。晚阅文正公易文一段。

读上林赋，写小字八十。白石先生为予兄弟画团扇二柄。作舟说易甚精。

廿六日辛巳

阅望溪集书后、读尚书古文通例辨。看李兆洛地图。

廿七日壬午

看乐县考、两舟载酒词。晚与三哥过白石，治馔送行。晚饭后到楼茶玉星两所。

廿八日癸未

读鸣山文，写小字百。看说文删繁例。阅色黄三世诗，仑生先生咏秋海棠有句云：冻红楼夜雪

绦绢换来，眼甚佳。晚偕兄、八兄、笛禹过卓兄左居晚饭。闻三哥廿五日由镇启行。

廿二日甲申

錢生壬子自西南來，生甫近為之，黃生初作令，為敏而好學。許撰五首寺中構百字，有林藁抄

請其一一摘抄，里四首，俾作一首刪存例。還書與蔡二霖。二兄由鎮歸，快

談竟夕。汪小松甫勸余下北闈，伊可為房師主人之言也。一粟安細嚼之

廿三日乙酉

早發一信與伯鴻，申作罷書之說。午後陪竟法叟。晚同到居諸父聽書

九月初一日丙戌

改錢黃王文各一首又看改翁家例讀勾山蘊山兩先生文稿

初二日丁亥

赤霽約吃一品鍋　父親晚至家邀楊雁首晚歸飯

初三日戊子　初四日己丑　初五日庚寅

初六日辛卯

同二哥三哥往泰州巳時開船夜半到

初七日壬辰

李書騰娟青午同陞長墩見江南筆霧小青岩月夜華巷

初八日癸巳

由東開船月上時回東細檢所購之說文二種乃小學堂所刻本

初九日甲午

登東山 下午隨叔師至南郭相地

初十日乙未

至李府周旋一日 為惠卿先生七五壽擬叙 看漢西域圖考序

十一日丙申

祝叔公母壽 過白石岩話 看經訓齋錄

十二日丁酉 天氣大晴申後小雨種麥

看聽訓齋語 寫寄汪書達信汪仲清中丞一 檢點書籍鮑海門詩集

先生一本惜哉

十三日戊戌

看張鵬翮治河論 晚讀舉業正軌 作舟邀立齋午飯以聆其高論并別

十四日己亥

讀歸崖甫文陳其年駢文胥財文

十五日庚子 夜雨好極

看人表玫讀明允論 星南送來會課卷仍是錢生第一

十六日辛丑

業頭石菖蒲經雨之後生氣勃勃 改王生文一首錢生文兩首

讀洪稚存駢文 看人表考 李斯字通古梁玉繩引吾丘衍字老編

十七日壬寅

寫小楷八十字 看人表攷 江南通志山川類 讀卷施閣乙集

十八日癸卯

改錢生文一首 朱柳门携所作千慕之風八韻題文來 過星南

十九日甲辰

改袁生秋島以慕之文 過三兄 寫小字百

二十日乙巳

寫谷碑三千字，說文卅字，小楷九十二字。看尚書今古文集解。甲子觀古神

說述暴與上均大字，讀同性，亦難耻。劉暴亦甚也。暴即剝字，與耻劉連讀，皆訓殘

也。劉殺以暴亦連讀，似未妥甚。又雅：汝水樂飢，樂疾也，即療飢之語也，宜讀

廿一日 丙午 在趙竟處 日來尤甚

點袁生文一首，讀惲子居古文，看藝文類聚天文二部 新二劉傳二 刪

廿二日 丁未 老子鄭孟馬以冀評慎沈

寫對聯一付，讀曾公古文，看鄧州志，晚看結一廬文、火輪船賦一首，樗宕閣

廿三日 戊申 予有學 錢進 生日

讀曾公古文。過林子老、謨火章，一名景天；過星南暨談。看鄧州志沿革建置

山川運道河防民賦共卌卷

廿四日己酉

早在三兄所見蔚如　蘭丈由蘇歸即往視其恙已無望某之所謂鐵神矣假來題志堂稿　蔚如午後過我　寫篆六十隸六十　晚錄左文襄之一首

廿五日庚戌

蔚丈逝矣不免動受知之感　寫篆六十隸六十　沐浴

廿六日辛亥　讀小琴記三首　青池[illegible]綠　斜陽[illegible]卷冷鳥衣　細雨[illegible]挽留老

寫篆隸真字　蘭丈招飲　楚之老家藏宋本說文是依段譜分編

廿七日壬子　零雨

早诣蔚生处赴王家吊 南庄有复信来 二兄生日 即归午饭

过蔚如观其近所临帖 晚从二兄学数 三首先子塞其兑因思阅六通殷曹风

据阅郑据六通毛传亦阅诸自六比推论

中间陈氏以为状辞之刻失其旨矣

廿六日癸丑 小雨霡霂

读二南传笺毛郑异义已不下数十事 看说文释例单有专字我固疑之 三单字亦

见从车从义如千乘矣 说文两解字下解云从两 两鲜显譔若斯 又可为甚鲜通一证

录张宫詹时文一首 灯后自抚琴

廿七日甲寅

在李家一日并不能帮忙不过弄笔墨而已 晚看会课卷 读二兄及林年兄时文皆佳

李梓林公昨日一月冥诞 万物静观皆自得 一生儿爱好是天然 此联绝佳

十一月初一日乙卯　初二日丙辰　放學兩日李府有事　母親昨夜寒熱喉有白糜請林杏三

文診用甘桔清咽法　書院課題如用之至子夏損外鎮郵閑窗謂未及作

初三日丁巳　微雨　昨日李家亡七十矣

余前草草成篇讀畢即請胡遠送去　母親寒熱已解喉糜自吹珠黄散以後

漸消　晚從二兄習歸除法　三兄携文來共賞　自錄標絶湖書未許蕭序矣

初四日戊午　晴雨潮　小雪節

讀梅伯言古文方百川時文孫淵如駢文

初五日己未　大風雨

早偕星南至陳家祝壽即到塾共論初二日文三兄亦至　皆應吉齋之招也

點論語憲問注疏　晚看說文存疑例一卷

初六日庚申　大風

點衛靈公季氏陽貨微子子張堯曰注疏　俞曲園朱張之說即本鄭注陽貨兩曰不可信從

孔子言馬注甚明白孔子曰諾句馬始注曰巽辭以免乃邢疏以兩曰不可皆說孔子之答辭則謬會

馬注長矣日本注一家之說而誤　改作包生試帖

初七日辛酉　仍西北風甚寒　早有雪花

點詩唐風傳箋疏　余舊點本爲唐風易去此乃唐風點本也原點至羔裘之半止

煩擾抑也按鄉不理羅蘇即此擾抑二字之異以言煩也　改黃生文兩首　汪崧甫函

東坡來畧述伊目近況

初八日壬戌風稍微寒益甚

禹言還來杜于皇詩并補遺詩三首詩話一首詩中訛字皆注其旁復訂借書如禹言其人者識之必有益矣 遇星甫 晚讀毛詩有撫攈輯其言禮者之之亦乃今見包世榮毛詩禮徵已成兩三矣其書援據詳贍允為河間毛公之功臣

初九日癸亥

點秦風傳箋竟閱之閱竟必結甲同懷仇而稱秘物之秘即未世 政錄壽兩生文書晴 晚閱毛詩禮徵

初十日甲子

點秦風傳箋閱說文釋例存疑篇 三兄星兄曉玉翁飲茗設品誠妙量 吾鄉合肥

十二日乙丑

臨谷朗碑三十字，皇甫碑小楷百二十字，點陳風傳箋，讀萬遍從作駢體哥姪習更

說慎到書子夕一則　辨志文氣旁來反詳題

十二日丙寅

二看說文釋例拆牋篇，點續漢書郡國志二，看山海經一卷，劉向敘錄多見郭隱居

十三日丁卯

擬鄭鄭作鄭說一篇　整課題當仁

十四日戊辰

擬以經傳東南傳千南杜氏通典作千南說因文選序、或作序、對晚就皇南正之

十五日己巳

撰執牛耳攷用鄭君尸盟者執之誼　李殿林十一日道卒　昨日藉廞殮

十六日庚午

又撰大駁或以為玉或以為朱說　及昏義樂欲負鄭翁合前共成兩卷屬明遠代謄

十七日辛未

三兄招午飯未往　擬作漢文帝論未成　三看文帝紀

十八日壬申

改作大駁說　左傳疏以前以或不相盟應如定八年執牛耳與哀十三年執牛耳說印

雨歇將有雅興　時覺畏風服藥茶少許

十九日癸酉 微雨

早約星南三兄陪孫帥茶園小坐即過襄荷精舍牌聚一日 辨志各課卷兩

本託星翁審定 晚看陳句樵齋詩敘錄又三首 說文釋例計廿卷看至今日始畢

二十日甲戌仍雨

李家有事放學一日 晚過錄俞曲園墨子平議一本 聖士三戰難書陳葉者脫中

三年擬復黄一條 者同上三 五刑一條 者同中三 慶分一條 又者有三 五刑制式一條 有說付諸

要另有說正之

二十一日乙亥

書房收拾東西 草草 將書籍晚過日生為月其所錄已陳白右部君尊道像

詩四首甚佳

廿六日丙子

蔡爾亭來談至暮去　晚過錢鐘之孝議　星百楫之爲撰五言律卷

袁來文境前老推第一耶

廿七日丁丑　甚寒　縫若羊裘衣

改眠弟文二首　祥齋來繆舞　晚見賢郎以詩畀余多首

廿八日戊寅

改袁生文二首　批眠弟文一首

廿九日己卯

撰七言古诗一首缴蒋铭山咏天贞节锺纪王寅侯，先曹各分

廿四日庚辰　过禹言生寓　夜集馆部到家舱熘以题为韵

廿五日辛巳　廿六日壬午　雪

是八日撰贺王太冲六十寿序一篇，已请一女陆翁隶书，三日乃毕

廿七日癸未　雨。说不如罢作者争取之说，定郑家之表黄，阅咏梅花律诗格

求志书院前来秋课题，限十月初十交卷

二十八日甲申

改文五首

十一月壽初一日乙酉 二兄賜我秋白茶壹包 於今日開寫 見松泉之筆一枝不知何往

改文一首 大兄又舉一男 閔蔣蒼生詩

初二日丙戌

書院小課題 賦為鄧仲華杖策北渡從光武 以得效尺寸垂名竹帛為韻 餘經史襍

作甚難閑 限三日交卷 總應之者甚多人也 午刻祭祖 父親來家

二兄有南中之行 晚飯後送之上船

初三日丁亥 冬至

過星南宗如皆未值

初四日戊子

出客忙一日未能作小課晚見星兄所校烟文後小劫

初五日己丑

課一日之力將小課全書校成惜甚無備一詩古題

初六日庚寅

晚看說文目部瞋下引秘書云云

初七日辛卯

父親壽辰早詣店叩祝　乃輝以祖母七十壽今日料理磨門

初八日壬辰

母親偕乃輝到吳今早動身　前日小課經說題每每未能詳解今

除江作一卷賦題之劉星等一解共撰經說二記一賦一議一

初九日癸巳

撰十台詠及劉隱祖批論燈下手謄一過約共五千字

初十日甲午

臨發寫馬表生之文有初二課題豪東子文應趙等四首六朱柳門題

孫師撰咳晃飯有簡文作簡是之識人

子陵一釣侍千古七里嚴灘雖纔一瓦漢老亦能作天子先生遁世棄之猶敝屣

蘇孫誰能鋤封豪首筆成此名為君靈罷去來多節文開端本此寫

星明此是南子清台作也

十一日乙未

二兄有信至，云稚叔于十一月初到镇，樵楼车如虎山马如飞，胜游未成，葛雨庭云

表兄出口之言　可惜万家挥血汗，供他商贾斗繁华。翀卿咏东台八景中之句，台城烟雨之句

看梅伯言文

十二日丙申

沐浴　看曝书亭词　陈妹由舅氏带来周书集成二册

十三日丁酉　寄发镇信一封、兴信一封

读明远赋二首　看曾公古文　三兄段去常州骈文一册　阅麦天骄诗、蒲西吉

斋头梅诗迷，前廿叶嫁常师，今为齐门王昀桂泚岩茂题七截四首以寄之

十四日戊戌

改明遠文三首　近來讀書時甚少，皆為人文以誤之過　何蘭老由蘇代購紫毫筆五枝，晚到送星南三兄兩處

十五日己亥　月色甚佳

改文七首　書齋中北窗前讀己所作詩，摘諸四絕句以為別　近筆來云

何蘭老來宴　在唐晚飯

十六日庚子

改試帖二十首　知我以如社稷人如之知開才似　壽青相國聯句

十七日辛丑

校學　吉齋道過興化校訂周舟之稿

十八日壬寅

周蔚若先生詩　辰正由東路行至大操府寺

十九日癸卯

葉伯詩貴過海仙未起　出北門至笪家拜生日　快雁史來

馬為今干萬待春

二十日甲辰　二十一日乙巳　二十二日丙午　二十三日丁未　二十四日皆未讀書

二十五日戊申

看圖書集成理學編智部　日夜披閱抄出

法言寡見篇：或問侍君子以博乎？曰：侍坐則聽言，有酢則觀禮，焉事博乎？或曰：不有博

弈者乎？曰：為之猶賢乎已。據此則漢以前相承舊說，論語博弈之博不作局戲

解

徐幹中論：易離象稱大人以繼明照于四方，且大人聖人也，其餘象皆稱君子，蓋君子通

於賢者也，聖雖聖人勝者之　案此說甚新，歷來講易家未論及此

又殷有三仁，微子介於石不終日，箕子內難而能正其志，比干諫而剖心，君子以微子為

上，箕子次之，比干為下，故春秋大夫見殺皆譏其不能以智自免也　案此論可補

論語注哉　子為論語注，惜曾未就，諒是及此否

智囊之名不始於馮夢龍　史記樗里子甘茂列傳：秦人號曰智囊　又漢書晁錯傳號為智囊

書籍書畫之祿

先以子厚筆記載張杲卿知潤州鞫婦人殺夫獄之事一則聊齋即本之

關尹子六匕篇好籍者多夢江湖川澤余恒夢水然則亦好籍之過與又四符

篇人勤於籍者精不外移可以攝精

精　澹臺子羽君子之容也仲尼幾而取之與處久而行不稱其貌故孔子曰以容

取人乎失之子羽案此說則貌取者乃謂誤取其貌之美以人以貌臨誤

之說也

二十五日己酉　雪　二十六日庚戌　二十七日辛亥　二十八日壬子　二十九日癸丑　三十日甲寅

以從前友所假同以及陳立句溪雜著閱之其論說者至益吾讀經解所未收者

十二月初五日乙卯

過莊鴻宣是院晉明所撰待軒隨筆，其六七兩卷是月餘之，此子椽鴻
翁云伊將分經史子集四類編次，今僅是其經類耳。鴻翁又藏
有靜志居詩話，是竹垞論詩雜存，序云其書實仿漳書之例，略
依歷代帝王次第，後及儒林、高士、外史，終以閨秀、樂府，是其義則詩話，
實則史體也。過經黎書室，校樂府一校，計五十四葉。
又其影清鈔，是五年前所不同，工夫以後兩則反，頓周閒之神
物也。是成子青藏物，今歸楊氏矣。

初六日丙辰。連日苦寒，河冰堅厚。據鄉老云，道光廿五年寒亦然。

逕待軒筆記亟莊鴻甫壽其書大半抄撮通考經籍部故於宋獨詳宋以後諸書大誼則又取之朱彝尊經義考 閱日溪禮著再則

十支甲乙字以入借爲花押字今人用押者十字區實本此兩字義則孔矣

本字別訓則爲讀如讀若異字別訓則爲讀如讀曰

初三日丁巳 晴南風稍和

看陳卓人禮著白虎通疏證序一篇甚哉入 又看忠雅堂詞集已

中秋月十餘閱甚妙 讀史記三府閱閱

初四日戊午

初五日己未

母舅命撫挽示雨公聯句云與子屬同祖孫雨常風同憂廿年矣嶮

一芸苑有孫才負羈寒冰雪信三世剩孤雛　予母舅擬一

聯云伯道無兒天之無知言之文承林孫遺有人猶有君

今歲和泪一盞無花不凄凄

初八日　庚申　陰雪

午後讀鍾勇民輯我悔廬詩鈔一本

初九日　辛酉　大雪　下午三點四十九分時有雪雷性極之奇矣

往汪家拜壽席中小兒呼余名曰爲咲司馬君實余爲敬當

晚來雪霽月出月旁長庚星射到有一小星未知天文家考之以爲

誰何也

初八日壬戌

母覺早起，命玉福來茶話，坐有徐步洲先生，其人以官若隱山文

為不世出之或一道焉。明遠詳題仁者壽子曰齊一聰請日寫芳

夜，邀崔亮時來，視之診，母親慈其方，以治腸胃為主

梧舟子來，述河水已開

初九日癸亥 雨雪 初十日甲子

本日為邀絕群之書，龍是陶熹湯閒之兩君冊頁

孟子世之人者亦有敬子之家娛蒲六子宿后屬子人說

從省僅碑
宋代拓記

十一日乙丑 小雪

從楊煜處借中興頌及李君碑 碑出於同治年僅存 半截

十二日丙寅

早至福來見熙樓宣述鎮江府通判考二月初一日

府考知府之後 看唐藝文志隋經籍志唐藝文志宋經籍考

遼金元三史藝文志姓氏經籍志

十三日丁卯 大雪 得見三兄信 並說不理其事、

因鎮江義倉局倒閉 其原居領者其累不來者至矣 破四頭問陳

二兄與之信已發 不詳其詳 乃焯謀題 問於府提調寄平收

改刑部奏多年從仁鐵卯兄字儘晚完卷

十四日戊辰

看焦竑經籍志序　繆贅龕中有馮應榴注蘇集甚善　与柴

弟圍碁

十五日己巳

丁建丈約茶坐有繆贅孔談及詞曲建丈固是知音　閔乃輝丈

看隋經籍志序　連日皆以茶子消遣　偶見敵求軒述記中載

二看陸雨翔氏情景頗与吾情合

唐書藝文志李中字詩一卷楚州人嘗為道士以官校書郎登宏辭

諫議大夫翰林學士户部侍郎判度支貞之祠卒

漢書平帝紀元始五年徵天下通知經史傳記及術數之學者在所為駕一封軺傳遣詣京師

十六日庚午

十七日辛未 立春 天氣甚和

晁興伯來劉公迎春 走别恬文 顧之幼頁年裁言七經成誦且精選理午後過我出其所為文讀之固自不凡也與談史事亦頗周贍 擬明日動身

十八日壬申

晚飯後上船宿北水關

十九日癸酉

由興閘行至北安豐宿 計行七十里 舟中無事 聽母舅唱思凡一折 至中

夜讀水滸評尾讀佛曲符刀皆自然之反切

二十日甲戌

由北安豐閘行至草堰宿 路過白駒場 謁武帝廟 據云廟中

聖像是由水上浮來 母親壽辰

二十一日乙亥

由草堰閘行廿五里到東台至光遠三兄家 見蔚如星南莊中諸君

到店，得父親函。又得劉詒休函。下午過李家，請姑母寄。讀孝經。

二十二日丙子

知照先生今日到館塾。母舅及三兄出游，留吾兩留飯。以李某之歎

錄稿，託三兄擬文。門斗張佩蘭嘗居不可靠，與三兄合給一元，將早寄

去。晚寫復三兄信，并又致非遠信一封。

二十三日丁丑

改袁生文、明首兩生試帖三首。郎其有信，函計數千言，現擬撰傳集，并錄及

國粹學報二本寄書，又附錄其先人及家中諸女史唱和諸作。蔚如、星甫、伯鴻同

過我。午後至濟安堂謁我師，并道謝一切。濟安堂今年以嚴寒民多凍餓

集款施粥甚公若事也現已結局二十日 前次小課發案星南第一予第

二表生的課卷交領來 讀李文伯文十篇

二十四日戊寅

改黃生文兩首 讀蘊山文十篇 借星南得蘭史見示冰泮行 燈下逸錄畢

子年設茅菜天去兩篇

二十五日己卯

二兄及星人自諸自石先生寫四幅聯扇一付 予以往摩達未克分其

墨玉 安侯興月

二十六日庚辰

散學 往悟霞之弟母舅處即在彼午飯 返 書函伯淵

雪舟未遇 晚過錄墨子平議明鬼非樂兩篇

丁禾生新購石印士禮居叢書見其帶來國語國策兩種字跡

甚爽朗又有梁公九諫一本乃鶡書樓藏物亦林取書之一

廿七日辛巳

過星南見影抄本悔廬文稿如遂稍有餘力合希所得悔廬詩稿重

刊之則善甚矣 晚過錄墨子平議兩篇 伏叟信來

廿八日壬午

丁禾翁約晚飯坐有吟伯蔚如陸恢老信 季翁顧鶴逸等

廿九日癸未

孫師猶同三兄星兄禹兄至局碑厫來者甚少以雨如許蕭閒寔不多見　晚接二兄祀灶日發來手書并寄到橋子等件

三十日甲申

沐浴

寄鎮江鎮房山巷內法新源洋行

吳贊孚先生收下轉交

正月小建甲寅初一日乙酉晴

早起賀節 午後陪祁師在李家小聚 於丁師處見吟伯手抄歐史

二兄寄來時憲書一冊 晚讀陳白沙詩其信文十遍 夜夢人以二

百廿文購兩鴨贈我 荀子越乎國危 過錄黃子平校三篇

初二日丙戌晴 上半日補賀十餘家 午後過錄墨子平議 唐生賀節名片去年之由都

寄到昨日蔚甫遣价送來之函 讀周函之函矣 初三日丁亥 過錄墨子平議畢 計其卷前

有畢王兩序 有俞氏此書不能讀矣 初四日戊子 看王伯厚藝文志考證 撰為天子所賢王為撰之佚文

初五日己丑 過錄荀子平議三段 初六日丙寅 陰 看藝文志考證 華子書之華子史記作評 初七

日丁卯 陰 寄吉齋信 在徽 雨雪 初八日戊辰 黃生來 與三兄同至丁師家祝壽

光緒十九年　癸巳

如不及齋日記

昭陽大荒落

癸巳正月建甲寅

初一日乙酉晴

早起賀節　於丁師許見吟伯述其所作南朝評詠　二兄寄來曆日一冊

晚讀陳句山必得其位文十編　過錄墨子平議三篇

初二日丙戌晴　雨水

虎臣賀柬去年已由京都寄下昨由蔚如所傳來即此可見其神志有餘之氣象

過錄墨子平議

初三日丁亥晴

過錄墨子平議畢　計共兩閱月　此書自畢氏孫氏王氏校議而後復得俞氏以補闕

拾遺毫髮無憾矣

初四日戊子晴

求志書院寄來壬辰冬課題　看王伯厚藝文志攷證厥此天子爵曰是尚書佚文

初五日己丑晴

過錄荀子平議三則

初六日庚寅陰

看藝文志攷證羊子當是芊子史記作許

初七日辛卯陰夜微雪

寫寄吉齋信交金舟帶去

初八日壬辰陰甚寒

同三兄至丁師家祝壽

初九日癸巳晴冷

請母舅午飯陪官一局吴灼孙及三兄皆至

初十日甲午陰

偕三兄呈南冷伯至丁師家小聚

十一日乙未晴

謄李某呈歇啟一扣呈母舅處　接三兄第一函述恩科確信　揖如自興至

十二日丙申晴冷有冰

點通鑑周紀十頁 胡序言注史之難 章懷注范 松之注陳 廣異同者多 闡本義者少

十三日丁酉晴

寫小字四十 母舅回興

十四日戊戌晴

隨孫師星南過王稷堂閒話。 夕觀龍燈 泉江公所粥廠復開甚善事也

十五日己亥晴和

孫師太先三先同游西溪 稷堂貽我及三先星南贛榆志書各一部 張季直致贛榆

即寄榆縣呂山長名信秋

十六日庚子晴

稷堂有京都之行早偕三兄星南往送已開舟矣不及握談為悵　今日開學

晚飯蘭招春酒坐有孫師三兄星南以館餐未到　寫說文四十字

十七日辛丑晴　驚蟄節

點稽風傳箋　閱時墨　晚寫致申甫賀柬託二兄要轉寄

十八日壬寅晴

點周紀十頁　閱時墨　蔚如至自鎮二兄託帶下石印李傅相七十壽序及番禺梁鼎芬書崇義祠碑　晚與三兄孫師芷蔚星禹諸君同作東道為白石先生壽禹言大醉

十九日癸卯晴　夜有微雨

白石丈過我攜去谷朗碑元代加按語　臨李君碑　閱時墨

二十日甲辰陰欲雨

臨李君碑　春海送其弟來　改乃輝文信之鴻緒詩　晚寫上母舅及二兄兩函京

廿一日乙巳晴

讀鄧州志　點邈譜居東一事鄭王異議迄無定論　汪作舟過我　云易之為書不外五禮震來祭巽主齋復即是某復之復故曰七日來復又承剝以剝表也可表禮也　閱尊經紫陽兩書院稿

廿二日丙午晴

蔚如約茶坐有星南三兄　茶罷至濟舟堂陪如師花碑　晚讀夏小正一過

廿三日丁未晴

雞鳴而起 篆二句 看篇子以篆鍾 柳邊風三絲生波以生字 謁蘭丈伯老

吳杏樓先生藏有谷朗碑一本字段閎在伯老處見夏承碑神采非常

二十四日戊申晴頗煖

困于酒食晚覺腹中不適 麟初 鴈育 庸齋 周也 竟寄來廿日發手書

點周紀十頁 求志書院壬辰春課黃案見十九日申報 蒙賞取特等 浚鎮函

二十五日己酉晴

看聖武記 閱所有山東樂府三十首內一首詠劉青天剿賊事極妙多風

廿六日庚戌晴

寫皇甫碑四十字 點周紀五頁 晚閱竹垞詞 浴 焉知完天下非一士之義士

二十七日辛亥 晴

作毋招飲坐間見儀徵劉誠甫其人肫摯可親不苟言笑於世是孟贍伯山兩

先生相傳之家法也 午後陪孫師星兄棠兄郊游楊柳都含綠之意

過錄荀子平議

二十九日壬子 晴

作毋偕朱柳門來訂會課之約 讀百川文稿 錄荀子平議 吟口校印出負之語

廿九日癸丑 晴

改作俞黃兩生文 閱竹垞詞散阜二字出文房四語 帖之楚亞自楚度 入力不及於世

二月建乙卯

初一日甲寅雨

改作乃煇文一首 讀韩公諫迎佛骨表

初二日乙卯風

讀黨錮传 改乃煇登龍門賦 閱時文

初三日丙辰晴 春分節 燕京人於春日食蘿蔔謂之咬春見吴梅村詩注 吾鄉以立秋日食瓜謂之咬秋意盖與此同

過錄荀子平議 王制篇仁眇天下威眇天下按即漢書賈捐之傳言語妙天下之語頗佳言語之精妙過於天下似乎周易說卦傳神也者妙萬物而為言者也王肅本正作眇可記 讀舉業正軌 飲蘭午後去 乃煇課題老夫潤澤之 過星甫及棠

兄之尊我彼此相錯　晚觀龍燈

初四日丁巳陰有風夜微雨

臨大字四十　二兄寄來昝信云讀書樂志已代購到　點周紀九頁

溫山之文往往採外注說如季氏使閔子騫一節題起之者柳下惠為士師一節題以弟三篇

中段所云皆其一讀者不察但驚其奇偉耳

初五日戊午陰雨冷

老齋將欲出省拜師恭賀及岳家昆仲　復二兄信附還崇義祠碑

初六日己未晴

乃燁題要問用夏竦寓者出則治天下日長花氣撲人衣　星南午刻過我

改乃律文 通閲藝文志攷証一過 漢律條下未引說文叙小疏也

初七日庚申晴

看毛詩禮徵冠昏兩類 臨李君碑 畢俊民有緘至 吉齋今夕上船往南

初八日辛酉晴

撰秦近考實一篇就呈南山之 禹言過我蘇孫以偕游南郊

初九日壬戌晴 月色甚明

寄大兄子四十 看毛詩禮徵郊禘類 又看盧學士鍾山札記 官學立四弟

寄書王子佳表哥 均佳 有內言 法內言須讀好字也 過禹言 借梅村詩見貽

徵錄 三兄晚飯 以步月過我 段去文獻通考序

初十日癸亥晴

習輝文詩 點七月疏東須樹聲之西箋條柔枝落之內比西同校勘記粗樹如詩話又如樓誤皆非也 讀梅村詩一冊卞玉京彈琴歌永和宮詞兩篇尤覺哀艷 味都文似相如之才少究揚抑惆悵慕蘭殷

嘗閱江慎修先生春秋時兵農已分論因悟孟子壯者以暇日之壯者即指兵言不然者前言孝弟忠信凡民皆宜修何獨壯者應如此也前日以此說質之禹言禹言亦以為允

魚軒即以魚皮飾軒也見易林詩鄭箋有舊之類無煩詁允也

十一日甲子陰

臨李君碑二十字 點邶風畢 下不可以貽上鶺鴒之詩當從鄭說

晚与星南孙师步月师云三分天下有其二节乃孔子申才难之旨言周之德犹不如
舜也特天之生才多降無少耳此說可補傳注所不及　讀梅村七古

十二日乙丑晴

丹徒縣試賦題張衡二京賦以精思附會十年乃成為韻　孫師述陳海門詠秋柳云
草草菴抵一夢醒犁鋤催我亦惜星八玉關羌笛曾哀起首太上旗亭亦常
酒龍　尹恭保國當代才人　吾十有五而志于學一年矣皆指算學言也
晚閱毛詩禮徵一卷巡狩經會類　讀有長城卿以下二節文十篇
看金石萃編魏孔羨碑吳官有之史立信題名

十三日丙寅晴

早与豹君暨甸清拈茶话，豹君谓魁兄八公子云半生局面，十岁至五十岁皆了未火。

土运甚佳。阅易林。跋俞黄两生文。晚到店请父安。三儿新归告月。

夜诗六章，今日为子述之。

十二日丁卯雨

阅明史纪编。点小雅诗。读柳州文。晚阅臧寿恭春秋左氏古义。寿恭字伯辰，长兴人。经典释文序录云：汉大中大夫许淑，字惠卿，魏郡人，注解左传。案左传正义载刘实许曰云云，所称许者即其人也。成二年左传氏注曹公子首，公羊作手。

十三日戊辰晴

臨李君碑　看潛研堂金石文跋尾　三哥星兄晚至寓談至一更時始別

三哥前夜看月有詩，已寫寄家。今夕月光益勝，亦擬以詩和之。○梅梨花微

白○艷○人相對○倚○闌○時○此二句頗自得。　唐臣信付通昌寄湖之信

十六日己巳　晴

海甥王公明去任，早與三哥至南送之，旁於秀水段穆堂　三看梅村詩一卷

順治門外棉花九條胡同海昌會館

十七日庚午　陰

點漢儒林傳　看毛詩禮徵

十八日辛未　上午前晴　下午微雨　清明

看讀書雜志一本 借二哥日來乞翁存 晚復小鎮作一字

十九日壬申陰

臨李君碑 點周紀畢 讀趙鹿泉文一首 程楨甫來招晚飲

二十日癸酉晴

送錢生南行 臨李君碑 點秦紀十頁 吉齋由鎮回

廿一日甲戌晴

姚小弟自興來 吉齋送我湖筆官燭 看西漢紀六頁 讀序例 條見李鄴庠

廿二日乙亥晴

臨柳帖 鈔蘇文 過伯鴻還去年通鑑集 晚寫段繼翁兄一械 託姚小弟帶去

廿三日丙子晴

跋黄士文 點雅四集 錄荀子集議三則 原集預插海棠一枝甚艷

廿四日丁丑晴

縣官求雨 讀樊集·執文一番 孫甫生文 春城雨色動微寒

廿五日戊寅微雨

王居士課求老者錢圖 抄去大段簡明 改文兩首 試帖十餘首 看荀子大略篇

廿六日己卯晴

讀勇者諸墓誌銘 臨李君碑 寫小字二百四十 點秦紀 晚看通鑑外紀引

史記日入皇民設官民共一條安政所出 讀百川文

廿七日庚寅晴　午後陰雨雷冰雹一陣　上燈後復雷雨

點始皇本紀　讀經山文　晚大雷雨因成三絕云　雨後天氣不溫溫　菊得春和秋生夜

子規　三七東風吹壓　看不慣　試收雷雨瀟瀟打一陣　養梅多時偶一鳴　聞聲

那顧他人聽　何香無寬其文章　神殿正乃無便不平　夜臥空閒直在潮

上霄連驚陣雷霆　蒼生待如雨霖雨　但許馳驅莫告勞　看荀子

廿八日辛卯晴

臨李君碑不寫二字百廿　讀莊山文　點小雅節南山　讀兩都賦

說文解字毛詩　閑者自遣之　今特做用翻字賞本也　經蘭

廿九日壬辰　晴　撰千字文著名稿人也一篇題文一篇　東坡日星南宗文正公

三月建丙辰

初一日癸酉朔晴

寫扇面一，又謄昨文七百廿字。點小雅傳箋至彤弓。讀西征賦及蘿山文

初二日甲戌晴

臨李君碑。讀學業正軌

初三日乙酉晴

和帥招同星東二兄及蔭南去横表齋諸年丈䜩荷亭倍禊　壽休院

便看淮南說山訓，又得反宇二證

初四日丙戌晴

寫小字百廿 臨大字石碑一本 讀龍山文 明日不佰祖妣周忌遷三昧寺廣孔識

先期謁壇在西定

初五日丁亥 陰有雨夜點 穀雨節

晨往西定門禮 晚同五弟侯秘書話畢時已夜深即與六弟共榻

初六日戊子晴

寫小字三百 讀趙康宋文 晚閱說文虫部 錄字下引劉歆董仲舒說字見春秋

說也 母舅李宋以送金以鎸作銘三字 大加賞贊

初七日己丑晴

點石小雅傳箋義 讀兩京賦

初八日庚寅 晴

觀風課題甚拙，家遠似除風氣之政，猶有存者耳。下晝即歸去

三嫂下午由鎮來。日輝山哥來，取閱文稿，平穩而已

初九日辛卯 晴

社學開日

初十日壬辰 晴 晚月有日暈，二更後似當有雨

大伯父七十壽辰

十一日癸巳 晴

寫小字半。晚閱嘯亭雜錄。走看錢表浩八甫

十二日甲午，陰，午後大雨，至夜始歇，人以少慰。

汪山松有由粤參寄　晚掌之往問大師疾　左目微痛，未能看書

十三日乙未

臨李君碑、皇甫碑各一幅　閱嘯亭雜錄一本　目仍紅痛

十四日丙申

臨李君碑四幅，寫小字百，閱筆業正軌，改包生起講　李培沅送來石菖蒲一盆，於目疾甚有益　正軌中文，陳句山、趙鹿泉皆蘊山兩外，余也愛論文之文

十五日丁酉，夜雨

過蘭頤書塾閒談　閱嘯亭雜錄　改黃生文　寫中山字百
十六日戊戌　好雨一日
看嘯亭雜錄　改俞生文　左目紅未減　右目復微有紅　晚與兄話國朝掌故　蒲華劉頭頗似秀才　魏腳去齋閒之館之一咲
十七日己亥　雨止微寒
臨李君碑　閱嘯亭雜錄　目疾六日未愈　山居日多看書之故耶
于文襄公敏中死帝始撤　天眷有以也　然不免蕭公爲不飭之議
十八日庚子　晴
目紅漸甚　前廿四日所植之蘭　中開素心一枝　香出望外　以摺扇張之兄字之

十九日辛丑　二十日壬寅　廿一日癸卯　廿二日甲辰

自廿四日目疾未到塾　從耘子兄去年爲我書吾先碑不　趁暇手摹成冊

廿三日乙巳雨

到館　看自怡軒楹聯賸話　書院肄業生蒙老將々等批之一　請鈎勒帖略

廿四日丙午晴

臨李君碑　改俞黃兩生文　晚過々之

廿五日丁未晴

過伯鴻　閱冊文　星南生日　晚與々兄蔡々同至西寧南酒家之　孫師二哥作

陪

廿六日戊申晴

富孝君碑　晚為外祖母求方　星南為其家題香甫扇兩對

廿七日己酉晴　晚後論其家事事要要雖惟有一誠字

改蕭先生文一首　午後沐浴　過星南談　晚閱聖武記一卷

廿八日庚戌晴

楊氏之室上梁送糕饅來因往賀之　便謁舅氏取還所作之文章鎮詩

院試　改俞先生文一首　伯祖考茂林公周忌　午後江師為言言紛擾北郊王王承聖

廣小憩辭歸　間有一師自題若其言自雅與把之不識也　改後明儒高先生之墓

廿九日辛亥微雨

早年蓮花經不洒

卓老先生 請點爾何如一節 浴稅為沿前人已有其說 並予以爲上文春服之說者呼之爲此浴字稅即浴衣也 如東蘭湘之說即本乎此 說文無則不煩改字而自釋 正月尚寒 未能浴沂之樂矣

三月三日

弢之頓首

四月建丁巳

初一日癸丑晴

蔚如自富安回招晚飲潤文孙师星禹宗之皆在坐

初二日甲寅晴

書院課題居是邦也至乘殷之輅士先器識後以先字作一卷

初三日乙卯晴

公約蔚如至袁荷積舍小聚　蔚如有子硃卷閱三年題之一首　禹言段晴亭禊錄兩冊

初四日丙辰晴　郎郡海棠飛来畫槃為石翁写

孙师和蔚如作稿

初五日丁巳小滿 晴

改試帖五首 日文徵紅來敘談書 寫扇兩柄 問丁師之疾已愈

初六日戊午小陰 晴 有風

獨携天上小團月 散作人間萬壑風 集蘇咏團扇甚妙 改俞黃兩生試

帖十六首 錄知師文稿 伯鴻來述初六日課作

初七日己未早雷雨旋晴

讀太史公漢武本紀 錄蔚如文稿 經知師斟訂之四絕之瑕疵盡矣 晚在襄荷精

舍小坐 飲蘭過我 知師昌先宗先同撥花牌譜金銘

初八日庚申晴

閱特墨　灼孫由興來

初九日辛酉晴

五弟聘戴氏女過合書耳　往蔚如家拜冒壽　送舅氏聯冊　寫扇面兩个

初十日壬戌晴

閱春秋大事表列國謚法考　推子政左開三年起請一字之謚法之論　孫師為作跋二紙前

三段屬星南成之　月下孫師與南因過我

十一日癸亥

閱大事表春秋不絕筆於獲麟論甚是　看蒙香艸堂文

十二日甲子

閱易例一卷　蔚如伯鴻過我　揚州人馬遇春其言論不減敬亭設席汪氏茶舍

午後便邀星南弘師蔚如二哥三哥往聽說書　閱聖武記一本　壬辰冬季辦

志課當葉蒙差特等　吟伯約茶話坐有蘇甫有論韻字數事

十三日乙丑

詣孫師賀喜　晤肩波蒼栗帆談星南鄧領并秋祥篋　改色生邀請

臨妙灋蓮華經百字　晚閱平定三藩紀一冊　閱讀史溪文稿

十四日丙寅雨

吴灼孫約茶　點通鑑高帝紀二十葉　閱讀史論文十五首　過錄荀子議兵儒效王

制兩篇

十五日丁卯晴

早起過錄荀子平議富國篇 圈漢曲溪村文二十首 閱開成石經校勘記

十六日戊辰晴

書院課題子曰事君盡禮兩章 惜分陰得陶字作一首

十七日己巳雨

早起錄時文兩佑鴻寓徵之 散學回過星閣談文 外祖擬題色斯舉矣翔而後集

十八日庚午晴

閱國朝平準部紀畧一本 閱春秋大事表列經考 寫字三百個 閱辛卯直墨

十九日辛未陰夜雨

據御纂周禮義疏云史記係指佛書也因馬遷未言也

改文三首 閱文心雕龍

二十日壬申雨

三兄生日往祝 閱章印直墨 看文心雕龍 晚寫致明遠一函又繕母舅處

安禀 論文莫過于雕龍論史莫過于史通二劉之書不可不讀不可不熟

二十一日癸酉雨 芒種節

寫小字二頁 讀太史公自序 九皇之說各尋史記不得 看通鑑外紀 初二課

封禪書傳云九皇之六十四民內

黃集俱特等甚美超等之雄也 和師掌兄皆特等 荀子強國篇日積微月不勝

日時不勝月歲不勝時注云言勤小物積微事也

廿二日甲戌晴

過錄荀子平議強國篇 孫師星南午時過我 便至書院看課卷

何廉昉師咏項羽云 憤氣而今已可消 史公本紀義昭昭 楚人不作降天子 秦漢之間又一

朝 兒童走卒知君實 曲冊高文媿子虛 蔡三順過我

廿二日乙亥 晴

閱聖武記一本 壬辰秋謀秦事余甚好之 晚往孫師飲 同星南禹生叔堂諸人

登魁閣

廿三日丙子 晴

潘某曲阜人攜碑帖數種求售 以青蚨一千購得史晨前後碑 張猛龍碑 圭峰碑

三碑中以史晨清俊兩者為勝 然以平生所見之 亦云盛矣 噴噴是閣亦以為然

廿五日丁丑晴

過錄荀子平議 諸頭師牌 晚看毛詩禮徵兩本 車制一門 徵引頗詳 並足參證所業

制 呂安千百人殷逃艾衣為名 昔日用邪術眞人家世財 西漢某家失去銀洋六百

襄荷雜念念僕行小者亡為算去四具右道惡眾 王法所不容也

廿六日戊寅 晚大雨至夜四鼓未止

寫楹聯楷書山子 過錄荀子平議兩 讀史記過秦論 過楚史閒話

廿七日己卯 大雨 下午始止 從禹公橋上望之 南北溪流汩汩有聲

過錄荀子平議廿葉畢 俞氏古書實為揭注辨誤者十之九 辨正本文者十之一 致据眼淦 計 其中周秦古書中多引列為訓比書備志

鈔稿詳宋王氏譔志 未能專美也 看南北史 据華 任誕 詭異 巧藝 三類

此條可存也遠是巢六
痊顧外為閱語又
添一注

讀香山詩　覆觀泰山府君史晨碑不以王氏萃編校之前碑精〻脱落此碑
〻并列木表四字題然〻訛兩王[illegible]當日暮[illegible]本奏〻[illegible][illegible][illegible]也刻今本〻獨脱
者也　晚閱隋經籍志　申報述長了香濤先生為徐致祥所劾

廿八日庚辰晴

以清頌圭峰二碑記二兄帯鎮裝裱　閱悔盧詩鈔　歸楚老諸子平議三
冊　五段易言梅村詩六冊　晚飯後送二兄登船此別且三月也

廿九日辛巳晴

聞御癡顧見馬林大令之訃師重之建故見園徑吳語　舒鐵雲孝廉嘅高祖云諸明老
從悅日斬兩人截向拘前章

五月建戊午

初一日壬午　午后震雷急雨旋晴

三兄購得魏敬史君碑搨本共賞 禹言亦購漢夏承魏高貞唐同州聖教諸碑

閱南北史摺華　母親携魁子至興見外祖母今早登舟

初二日癸未　晴

書院課題孔子曰君子有三戒三章論詩每對竹窗燈下詩字作三義　孫師文成日最速

下午即至去文作竟錄雞鳴而起文五首中間以鴿鳴梆聲為結宕尤天然之物

初三日甲申　晴

禹言來述昨文以智仁勇三立柱詞義周匝足成一隊　過饒芥園先生看文其文老潔

帝　聞三兄昨又以疑夫出歸按

初四日乙酉晴

晚來發熱一夜未退　香樓先生贈我谷朗碑一幅

初五日丙戌雨

卧病一日

初六日丁亥晴

邀楚文來診云是濕温來添用三仁湯　另煎薏消茶一椀飲之良已

初七日戊子

仍前方　孫師、師三兄皆來看予　追述五六兩日之遊　聞之神往

初八日己丑 大雨 夏至

身熱已退 惟連數日晝夜未更衣 林芝云 肺與大腸相表裏 以宣肺金風並通

附氣注

初九日庚寅

看子山集及梅村集 三兄又得安羅樹碑索金石萃編校證

初十日辛卯

看子山集 仍頗悃悒之情 三兄有信函云 端節極鎮

十一日壬辰

興化蠍子風聞去城外居民數百家 尚語未詳 然否 看國語吳語

十二日癸巳 天氣微煖

九點鐘到館 改文兩首 下午即歸 沐浴

十三日甲午 晴煖 宜着葛衫

改文三首 閱文心雕龍 二兄晚過我

十四日乙未 陰煖

改文五首 寫信一封 看史通 每日早起及下午必欬嗽 吐去壞痰甚多 胃次方覺 下午沐浴

十五日丙申 甚熱

十六日丁酉 熱

山長課大彭孔子之門 一水護田將綠遶句用字日間 燈下不可當 書艇作文 放學

路草、撥戲 竟日作函述辭去夏課題 出花住東之母親以孫年函

十七日戊戌 熱 午刻起風雷微鳴 西雨數點轉涼 晚大雨旋霽

早起立子林貴安去 星期之第六字往賀見金單 顏生處山雅進

白石文為洋仰母猶勇題示某畫之前

十八日己亥 晴 晚暴雨

設色生題請 閱筆幕已飢趙屬呆先生人人 親平親長生長命下不年文 快私之

也 睡至中夜大欬不已 濕痰去至太半

十九日庚子 晴

改定舊作試帖十首 寫母舅安禀一本 六弟晚過我閒談

二十日辛丑 午後雷雨

閱文心雕龍 散策而錄不知何樓 猶如萬有自鎮固

二十一日壬寅 午後雷雨 由城南遠望見天際挂黑龍一条

二十二日癸卯 聞蟬鳴

閱說文叙記 寫小字五十 而日看紀丞之書 若差已取名次為高

二十三日甲辰

撰爾雅毋官攷 左傳鄅郡辨 仲子所居之縣或云在河南或云在河北未知孰是

日來閱水道書 雜志及讀輿地類 是日南夫人病亟往問之

二十四日乙巳　書院課卷發訖，將等第惟叔師並外列超等。

星甫夫人大壽，与三兄往賀。晚宿芝家三哥行，并撤座。

二十五日丙午

典親廟，題千甫興同。東陽有同學朱、張（檉谷、叔惠）二君過我，未遇。看一劍文及

情墨。蘭丈晴雲軒續集詩，如嶺緯伎食車數及書事等題艶稿。

二十六日丁未　被律老腹不適。

馬言橋正光一冊，撰群書濟學者善說，即付局遞去。叔師約過孔家。

看書院文，與首卷霽文亦以目力詰題。晚在公所陪星甫閒話，云其

夫人易簣時忽聞異香，從空來。因憶吾家先妣亦然，大約世輩英靈當不

在兗州 飲蘭閣過我

二十七日戊申

閱國策閱秦兩篇 倘覺時文 寫團扇一柄 母舅下午去

李流傳龐李前僅嶷旅馬 摩觀堅印拓吉羊菩薩 北風閣

二十八日己酉

往雪家好〻七 便謁母舅 過〻見聞 東之赤文不愧名鄉作家 在店小坐

二十九日庚戌

往馮府便過蘭閣交 閱叁策 惰猶時文 點節南山之什 [illegible]

六月建己未

初一日辛亥 申刻急雨一陣 大東風轉涼

閱秦齋西策 晚看家訓書證篇 過星甫 點節南山之什傳箋畢

初二日壬子 晴

寫致子澄先生信 由二哥寄 轉寄丹崖 李慶先生過我 看全水經表

初三日癸丑 酉刻大雨 雷電交作 甚熱

與孫師禹辛齋必同人作東道主 公可為星甫解惱 招閑丈堃丈飲 竟作話

初四日甲寅 北雨皆同涼

點北山之什 三兄過塾 又譚一日 嘻甚矣憊 室人病稍可 輝又復病瘧 延醫診藥

俗語可謂平安是福也　晚看經試錄又則

初五日乙卯雨

殿試帖卷首　丁卯過我言語三兄起文事　邀楚文為家人診云係癉瘧

初六日丙辰微雨

伯鴻四姪蔚芝來　蘭文過我　家人患病館徒又請又假轉手連日殊少佳趣　晚閱各選兩部以消遣　寫小楷三百字神氣稍定

初七日丁巳晴

午後務畢歸訪楚文閱制藝

初八日戊午

仍邀楚文同行　抵章甫家擬二更

初九日己未　雨　大風雷

正人病稍好　午後閱煙霞萬古樓集　其才氣橫肆而可取

初十日庚申　晴

伯鴻約茶話　蘭史及吳蔚堂諸君皆至

十一日辛酉　大暑

早往蔚文山家拜周忌　撰祭文一首　雨至南雲領回雜志書　三更始寐

十二日壬戌

致所委便為蘭史詩集署加勘定　如歸里一首結句欲得往再結句或刪或易皆

冥玄理　晚蘭生招飲

十三日癸亥

前日三兄授予同公所作文字并已脫稿，一年文一篇，今日六韵做兩首，寄以稿書，未删改修

同丑公所讀孫師嘗閱　月下偕為三兄斟酌原稿　孫師之擬作一首

十四日甲子　雨

早窗窗下草廿首，書我筆意直追古人，即做寝食荷花詩　蘆蘭蘭前託我老提東

春修綏夢醒來，口結筆亭亭，安為縷縷云：倘使得掃天下不平之事，扎雲雲深訪

御風歸來，承休行風扎翦翦矣。早上蘭如君當大加讚賞

十五日乙丑

盛園聞說久矣人間今果睹之已卅五年矣也近茶舍不免受人間煙火亟移置後堂

池撤書至右楣書屋　交兒信至云前信已收到日妻處已見回信至鎮乾平店序

既入館時　盧楊兩老招午飯　晚閱陳瑑說文引經考證讀禮說

十六日丙寅

閱說文引經考　日食日以粗麪二斤易圃夫能眠大和彩時起據至後元明上古麪圃治

噎陽神效

十七日丁卯

閱看經策補遺策　看孟子四考及羣經義證　門巷隱竹放梢

十八日戊辰

读啸云楼集题律有云，女、又是一书生。天遣才人竟白头。东海扬尘桃径[illegible]。南还灯火把怀题。直以家国频年感。偏作江河万古流。何事殷勤珍片羽。阅编已成吉光裘。

阅淮南子、陶氏庄子释文所引说文之文也，当是淮南脩务训许注。

东方春映辰至，西陵咏史诗刻入黄淑兰女史江左校士录，其诗甚佳。

十九日己巳　气候暑雨一阵快极

读史记四公子传。阅顾震说文辨疑一册，有驳段说者，据严氏说也。不录旧说云云。

刘宋私议八之说

二十日庚午　雷雨黑云翳起，隐隐闻雷声不一，而境内并未大雨。

饭后撰作文一首，以稿付秉。读史记老子、司马穰苴、孙武、吴起、伍子胥等传晚謁師傅，便過之兄。到居請父安，晚飯，偕五弟回。

二十日辛未

改文二首，讀史記一冊。前日所蘭草一盆移置塾中，不意遭黑子傾覆之患。

二十一日壬申　甚熱，夜大風雨。　見新插

改文一首，讀史記一冊。　母親微受暑濕，晚覺不爽，服煨薑少金。

二十二日癸酉　雨

改文二首，讀史記一冊，偶覺時里至。　祖考忌辰。　晚後改文二首，子正睡。

二十三日甲戌　午前大雨，天氣忽如深秋。

書院課科題：子路率爾而對，至異乎三子者之撰。舉孝興廉，以廉字，作一首。

邀林之子为母视诊，云是感冒，开饮理强化

廿五日乙亥　晴

饮菊幼安先雄至磐石洞壁后寺庭，是故饮老之念心。作文。早与翊师往视。午后出行视大兄疾。晚阅苏诗

廿六日丙子　雨秋

看西堂文稿

廿七日丁丑

晚间大兄病甚。读史记魏其武安传

廿八日戊寅　午后雨

早起視大兄疾，今日稍差，已成暑瘧，楚老云是瘧。讀史記李將軍傳

二十九日己卯

讀史記公孫弘傳。閱乙丑直墨改文齊。二哥寄信來，云江南主考徐會澧、文廷式

顏生至，商試草事。晚讀通考序。往陳殿兩家弔，便詣孫師，未見

三十日庚辰 未休

早到在諸父母及親咐崔順濡，便往視大哥病。讀史記禮書、樂書

東華環顧媿羣賢，惱著新書逾十年。未有彩彰曾是病，蚩蚩多言語不能天。

畀親事故非勖濟，敵婦心期在簡編。守默守雌宜努力，毋與學士相損寬眠。

龍陽人釋言四首之一

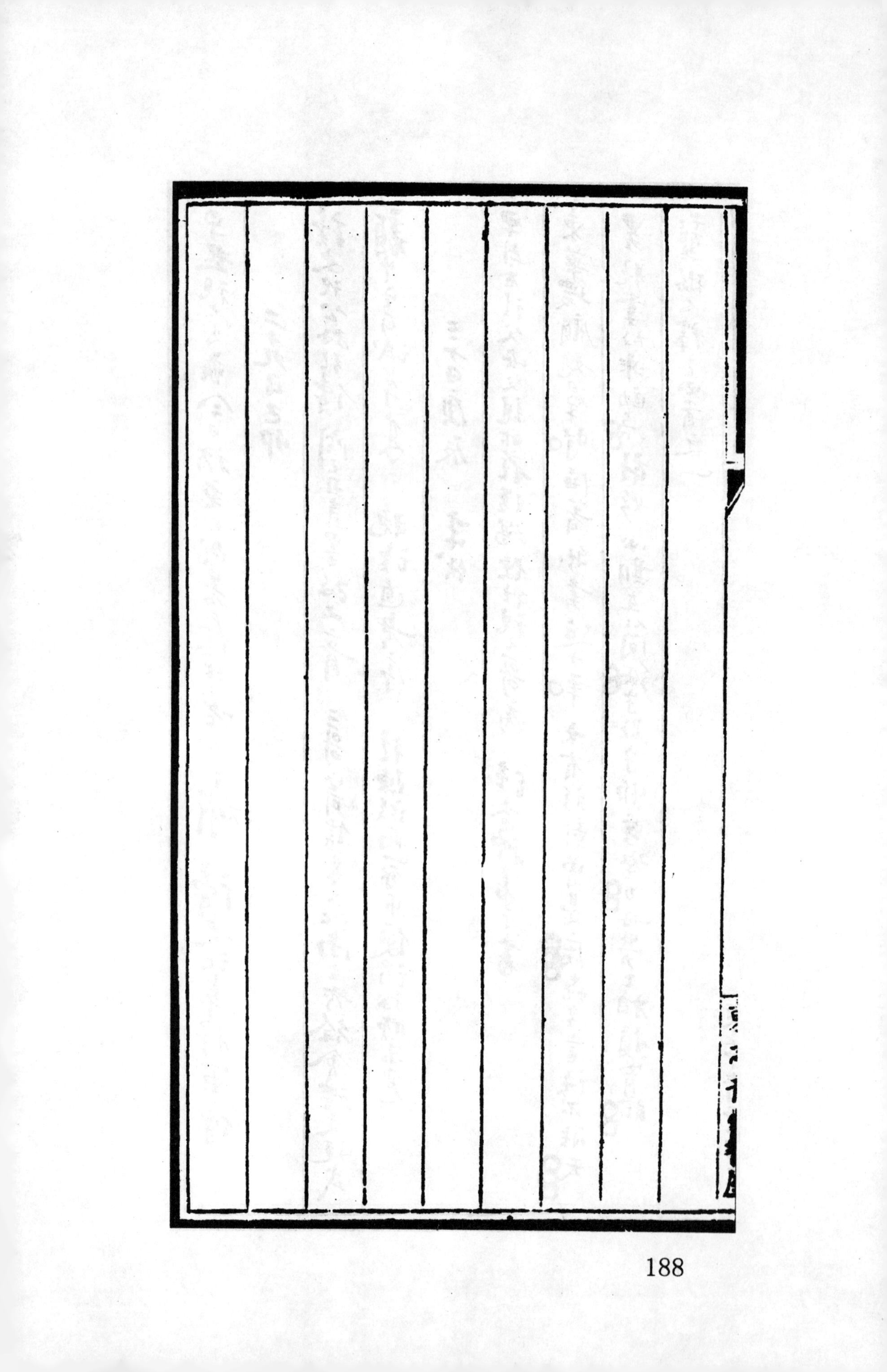

七月庚申

初一日辛巳 早雨旋晴

伯祖考茂林公忌辰 夜夢至一處見案頭畫册一本册面書一林字揭開宋視首葉為桃花筆致甚挺拔再續次葉即為安石榴花實茂密而不游々地仿佛是書肅卽首而觀却為石榴一株綠葉四布當頂結一大實圓而紅光如日盤於是題一詩云○○○○忠境遭○○暮々々朝々峰頭喜見安榴實不遣明珠悵鄰窗 題後夢息醒濤雞正唱天將明矣日來家窘無惟詩忘其七正子

初二日壬午

改文二首　鈔潘陳先生文一首　讀文林通政序　三兄晚至

初三日癸未

戈伯鴻以近作見示

初四日甲申

往書家弔　過伯鴻未值

初五日乙酉

過蔭南閒談　晚閱隨園吉甫之詩頗多佳者　寄滬二兄信

初六日丙戌

教學

初七日丁亥

午刻与弢师偕游武如真公所，便至法角斋六舟诸居作信。午后头目昏昏，假寐片刻。

初八日戊子

到塾料理书籍，见旌甫云粟书未发。五弟生日。姜子角来信即复去。

初九日己丑　雨

甚凉。曾东来发，我笔尚未取，唯弢师取一整等。

初十日庚寅

阅家训勉学文并书证三篇，读言行录、徐霞客传之续。晚觉微倦，早睡。弢师送角呼读烧卖五枚来。

十一日丁卯 明早启行 晚仝四登舟

十二日戊辰 顺风 晚泊仕黄村口

十三日己巳 过吴陵

十四日庚午 午后抵扬州 谒书农师 未晤

十五日辛未 早至邑

谒三兄进城 旋出城 见二哥 晚二哥约同舟 应郑诸君迎至小琯星南昆仲之生堂

十六日丙申 雨 镇岸至石埠桥小泊

十七日癸酉 午刻抵金陵省城 一路皆顺风 之下顶快哉

觅出走大夫第刘宅

十八日甲戌

寄宗弟二哥信，又王丹崖镇。赴阳学報名

十九日乙亥

寿庵师处畅谈半日

二十日丙子　晨微雨

赴院録科　首君子而不仁者有矣夫三章　问历代都邑　暮烟秋雨过枫桥　得秋字

场中见颜生罢话，追说其文笔颇健王

廿一日辛丑

三哥出场后不甚舒服，邀振湘寻诊，便将信件交之

二十二日壬寅　夜雨早晴

星南偕江穀孫船早到　吳補蒙汪從都門來　三兄昭叔方循意　午後與林老周

來居

二十三日癸卯　晴

閱焦理堂先生事略一冊　汪雲逵函寄二兄信寄印託伊寄往蔡莊

二十四日甲辰　渭巖公來請安定書院時理堂先生之書以所著進覽

過雲逵適值從都來　文瀾以務慈齋禮著見示其中如李贈詩錢烈婦傳最多

先侍筆意過徑庭似　吳補蒙手述所撰輿地要作甚精當

二十五日乙巳　夜雨

孙师乘轮舟至苏，途中备书报告。与三兄为文澜斟定课卷。阅张芳平谏用兵书。

二十六日丙午

孙师题啸霞轩集云：英绝程夫子，中年值乱离。干戈摧寿气，珠玉吐清词。典赏心如结，著书时鬓发，笑包同须论遗，风雅已无师。孙[illegible]人争麦于诗，

如馥录那觉，眼去石[illegible]，冠转人还身。一文寸心怀。千秋第目疑，陈那去了处。

喜于好诗稿。 琉廷寿某枝云：梓将字五千卷，了梓将先陸

六十寿。 丁师午后至。

二十七日丁未 顾来访 寿子澄先生不遇

二十八日戊申

大雨丑正送孙师星南録升题为何莫由斯道也至则史　阅湖海诗传以得秋帆先生

尝以方正传洪亮吉黄景仁王復徐书绶高文照杨伦杨芳灿顾敏恒陈燮孙星衍

诗余从之为吴会英才集不足之大之美乃敢渊如孙王采薇诗以足之寓才雅之意

係入公庵机微下钩西风吹面秘花秋寒瞑玉人愔在越高院红烛照旅讯

先孙师早年梦中所见诗也

孙师记今日若雨云赴试已若其以天更阴霁以去方熟梦萧碎作文心涛

永夜难晓衣单风故侵窗寄人篱字下搦说我自怜

铜炉叶谁味注论陈事之长夜芳事也卷送缘到寿乡藉堂浮面情何快怀红兴

更狂谩销琴夜长觉心难聚　送君至廿冠方合慈英廿天待换收绸缪

方入彀。差池已成囊。鸳鸯度，缠绵挑。惆怅别情。无心拨了寒箫。
意觉丝阳。纤美佳丽。今朝何度姬。烟花原下坟。云雨太荒唐。润
别之秋云。似息情。皋度慈悯之烦恼。像素聘到牛郎。楼房当前
道路。多春寿笛遮离。分坐期无绝期。信多快，王昌。黄犬音乖绝。书忆了
酒花落。张看之后。信多愁。到不尽衣裳上杨雄。度尽无穷。好来憔
尽缘。遇遇李后主儒谦缘。
左右寒殊。得见五云。试国之出去人之快。自惟不知元辅。玷金
此保。错玉出后，日期之无负平生。

二十九日己酉大雨

八月辛酉

初一日庚戌 雨

連元催早叅 丁卯午刻 清諱許時 連日 [illegible]不適 晚來寒熱大作

至三更後始汗解

初二日辛亥 晴

錄科題目 三元取其第一 吉夢取第二

五言 [illegible] 得來字 [illegible]風雅[illegible]

[illegible]

[illegible]

初三日壬子　晴　寄梦湘信　汗多倦惫

梁丹芩词云：又是阑干惆怅，酒醒初醒，醒后道重

此意问花花不语，日斜肠断横塘路。何事词人心太苦，

侬月摧残，空被秋风误。昨夜月明今夜雨，人生安得长

好韶。

初四日癸丑　早微雨　午晴　热甚

省根澂来诊，脉云弦细骤难，谓须以金苏合治

初五日甲寅　雨大作　夜不能寐

初六日乙卯　小雨

初七日丙辰 雨大作 夜雨大作 肺气稍通

初八日丁巳 夜雨 三儿树櫄到省 由杭维新等 雨如故

初九日戊午 午后乘舆上船 是日船泊谢家埠 至雨寒不至

初十日己未 船泊高夏青 连日雨 雅拾而不止如故

十一日庚申 抵杭州 换船 当晚到仙林寺 服仙方 病渐愈

十二日辛酉 三儿回镇 是日病 左寓 赖友 三儿 在钱塘 二儿回 内云 知

当夜病竟危殆 到船 难 再 服仙方

十三日壬戌 逆风苦雨 小舟 病实未免 呈情 谁能遣此

十四日癸亥 精雾风中漾 晨开船 午后到家

壽日甲子中秋

當月樓宴宴櫻女人人數倩上上頭頭雖遣遣風塵伴壯游二十年 此月好最長

聊相慰今秋 熱火寒冰汗漿衆不相意以其身當書生例少 清閑福以病

還之赴戰場 邊地鄉中三萬人人 靜對月精神 何崇今夜酣眠候

曾登池濱幕府邸 記得年年逢乙酉時隨表上旬旋帥幹得堂意帝

時節星宸度出邊 歸來弱弟病魔侵 未敢前占八月臨 已能誰

依舊氣象 空把杜詩吟 九日何曾顆粒嘗 公並辭戴已言方 近來一癖

無他好 撒過蜀僕張子張 兩友相看分勝劣 眼中虛無已分明思

量器能高量 憾語超看書藉慰情 近檐新上寫卿清溜

相如廟。來蘇。郁蔥。山妻。醉鄉。解事。五更。鄉賓。密雲。茶。

十六日乙丑 雨

食粥少許 下午爲海珊先生寫十字看 直寫五本中字板床連日以樟壓非雅也

睡

十七日丙寅 雨

十八日丁卯 王黄翁二先生來

十九日戊辰 雨

食粥幾日稍足精神強起雜詠

二十日己巳 雨

念七日 病不能行禮 梅之兄書 惟知冬有閒款 江南乃可曰魏魏乎舜禹之不天下也

兩年之律下時一日以福至於人而將之三日 江上夏來雲集於園

廿八日庚午 雨

寄隋之兄信 大痾一次 計由初七至今已十四日矣

廿九日辛未 雨

嘉齋由曹甸至 述其近作甚肖 筆之亦頗佳 母舅自興化來

卅日壬申

夜瀉七次 疲憊不堪 身又發熱 一波才平 一波復起 怪哉

朔日癸酉

迓仲玉先生來診，云脾虛痰濕，進桂附等味，大吐三次，純是綠痰。

廿三日甲戌

黃仲玉來診，仍以溫中為治。

廿四日乙亥

身熱已解，腸濕之疏，惟口吐清水不已，進溫下焦之劑。

廿五日丙子

服昨方後，口中清水略止，甚矣寒濕之入人之深也。　申閏欽作文一首，不戰孀寫

廿六日丁丑　猶恩　恩也

仲文為予擬和脾胃方　偏陰　玉來診

廿八日戊寅

弘师早至述别后一切 今日赈饭

三十日己卯

勇言午前来述闽作以禅让为主 弘师自南普陀来叙话一时许

夜雨不寐

已觉秋怀浅 翻成雨意浓 繁声敲野寺 凉梦遍愁松 漏急

寒涧点 灯残有信窗 莫这无病穷 禅心业感慵

憶咏诗哉补 洪涛接地来 秋偈 戏用云雨韵 天来一假因笑 河上呼舍漫

城中遊步處 書生業椽屋 且莫續詩題

一樣金陵帆，橫風壓舵樓。汪洋邊，江帆頃刻過揚州。北望回

都返東西來浪正添，今宵寒不寐，身悅立歸帆。

還家已十四、、長悵秋霖，雲破天將曉，洄遊陸更泥，季游爭挺出塘。

蟬窗清唫，管敢報陽起，登高一振襟。

東亭青雲書屋

中落门庭势式微。三去依弱女强子孔。生怕夫猜。若露不一。红窗示不归。

拚将钗饰化青蚨。剩不见插头饮我夫。母女出几家四壁。那堪经桑信音无。

家多偏更病相侵。百计维持累母深。针黹供儿汤药费。一日下咽一羹心。

孤身垂耗嘿啼鸣。夜静寒灯凉不花。为问窗前今夕月。照人黯随魂断四斜。

魂归冥漠魄归泉。陪此有迢多远不诘年。房母莫插殉葬费。孙旋也徒然。

以上五绝是狮师述某女子绝命时所作

九月壬戌

初一日庚辰

昨夜未寐今覺不適下午微有寒熱 東省鄉試首場題目已錄出一通

初二日辛巳

又復嘔粥 趙惠甫示紹佳司馬信云將軍已綏

初三日壬午

禹言早函攜來樊川詩五冊 知漢之赴席 星甫伯鴻下午偕來 時適

寒熱未解 閱舊藏刀八柄名見急就篇

初四日癸未

鍾泗來問六惹便請仲玉丈過診

初五日甲申

仲玉先生早至診云氣虛也乃營衛不和肝胃不調之症開方服兩帖

藥後病小作　三哥由鎮回快談一切

初六日乙酉

服昨方　三哥信至問疾並寄來格致特課題　楊生來

初七日丙戌

母舅至即為小牌藉以消遣是日病未作

初八日丁亥

初九日戊子

兩師早去 靜坐 兩日居然無恙 仲玉先生真洞垣一方矣

初十日己丑

連日無事 皆以范公集 陳清之三兄午後過我 攜來五斛 候民兄信去

十一日庚寅

弟言過我 為借南唐書一閱 兩師午後去 談談近事 母病下午去

十二日辛卯

母病飼野鳧一盂 食之美不可言 兩月來第一佳味也 閱樊川集 過華清宮絕句三首云 長安迴望繡成堆 山頂千門次第開 一騎紅塵妃子笑 無人知是荔

何廣昉賦云莫遣江山舞破指下竟官印因其詩注家未及

杜牧新豐綠樹起黃埃，數騎漁陽探使回。霓裳一曲千峯上，舞破中原始下來。
萬國笙歌醉太平，倚天樓殿月分明。雲中亂拍祿山舞，風過重巒下笑聲。

十三日壬辰　黃秀徵雨來點

閱馬令南唐書畢，又看陸游書一卷。此物乃張冰甫所藏，據陸書未間有用汲古閣毛氏刊本校之一過。廣圻記十四字未知果是千翁經眼物否。

十四日癸巳

閱曾季稿兩卷陸游南唐書一卷

十五日甲午

缮復二兄信并託禄青峰碑　午前又復腹瀉服紅藥少許肝氣上僭直至日

蔴附姑稍愈夜眠不安身微熱

十六日乙未

腹瀉三次　邀仲丈來診仍以温脾理中為治

十七日丙申

腹瀉兩次　再診昨方加減　黄生來問疾

十八日丁酉

腹瀉已愈不甚思食　昨方加麦芽煨木香　二兄書寄來顏生閑作并

平日所作詩詞兩首

嶺字不必改
為偏字

書戊戌

閱嶺生詩稿其光彩大似姜白石後健筆峭直加以學養遠到才也

其漫云山如齋居云繞出巖千以封樹映水兩三星更靜不鳴雀囊空惟日

嶺舟中云雲路天辭雨峰閣水生風眾哨月云隔水漢描遺文影以手空歡悲

旅人心又登山云世事有成敗山光有故新印事云月描隱七風拭持

夜不餘野多寡都報作以夜寒不寐結句云起坐挂起青燈帷拔劍

甜頸咽大風悵金山游云安得營居天傳吾翼雁當身死過大江東游此園云

山僧有色風起水生波世事皆鳴寒英雄生滅魔生手不凡志同此勢魏

山我其寡存府歸為去一百貫之信

仲玉先生來訂立膏方

二十日己亥

母舅遣人送來浙局書其本，照去曾奏稿八本

廿一日庚子

据云昨日發榜，望信者紛紛矣。吉齋來，云昨早動身

廿二日辛丑

東台本籍及寓公僅中朱次雲一人，聞說鎮江丹徒僅屬止有四名，噫，抑何難也

交種德堂合膏一料

廿三日壬寅

孫師之見借身嘗情問異常予心不覺伏為扼臂　閱曹公奏稿辦理天

津一節不免盛德之累　晚刻孫師見金録來告云盧楚卿中丞鎮江西

正兩副上屆吳鴻藻即在今年所覓之寓而長次又得一處甚矣人地之足

因緣也　解元雍高陽人

二十四日癸卯

欽蘭過我述丹陽中賀煥章姜瑞麟兩人　揖如午後由興至快叙一切

二十五日甲辰

閱雙佩齋詩集向讀吳穀人金陵雜詠序松柏萬株蔣侯之徑蕭蕭見

唯一段元武湖瀲瀲一聯心甚愛之今觀吳楔雙佩齋駢文序云蘄亭當

目印特夢寺碑可見文之佳者皆共覩也 師曾由京歸 攜來書人所寄件

二十六日乙巳

毋留勇三兒皆至 閱旭齋老人仙述 晚看金陵禪詠

二十七日丙午

二哥三十生日 孫師畢丞述閒墨多有亂之作 閱放翁詩鈔 其秋夜讀書云秋夜漸長飢作祟一杯山藥進瓊糜 數與吾近來不寐情景相似

閱雙佩齋文集 與師友兩公論世道大有關系 爲言吾段常州駢文選四冊

王虛舟書篆隸楷行草千文各二種 每種一自運一臨古 今見其放橋河南一本 自跋云以漢韓勅孔子廟碑模索乃通 得合其言良然

二十八日丁未

午餐以肉糜佐之，蓋三月不知此味矣。三兄前示我贈顔生詩，其敍述不忘

樹螢之因，步原韻成六首以慰之，之意且勉之也。秋風爭賦鹿鳴歌，采采前波接後波。

君有高文饒福澤，我緣歸偪悔多。功名九轉丹才熟，雲路三生墨已磨。

試向中庭看星象，好爲夏劍砥鋒鋩。美人日事恨難平，愛月如君尤不我

琴今滿新聲，歸來賦歸來。枕菊醉夢，護霜生。檻中驕足仍千里，窗外鐘音正五更。東望

西園西樓曉，寫臨樓江漢表。

二十九日戊申　雨　立冬節

閱六經天文編一卷。楊子甫招明日午酒，辭以未能。

十月癸亥

初一日己酉　晴

禹言以常州駢文鈔四冊見歸，復疑去二冊。閱漢金石萃編，魯詩有禹君章句，見武榮碑。續玉岀禋祖述，秀文兄以第一事，頗可諷世。三兄曉丞。顏延年曲水詩序注引周禮圖室不之軍，室不之國。又引蔡邕獨斷天子以天下為家，自謂所居為行在所，序文作行所。

拚收賀劍妻，喜翁候瑞餘生，澧自苑且，稱謹頌，欽鎮像世。

嘗黃函人報出獨師白真白作

初二日庚戌

靈楚卿函自述其闱墨并年異人函 叔师函禹話已將飯矣同局使

肯等每每別去 述雲鍾泗以文來

初三日辛亥大風

擬与顏生書 觀摹以臨黄庭 母舅午前函

初四日壬子晴和

早起謝神 拈孫師三兄及履之午餅 閱雙佩集中有三兄生日詩一

首 適二哥信函述今年生日作金山之游 因用蘇亭先生韻為詩以壽

三兄云 宸宇雄讀性格風○天高海濶扇秋風○悬照弧飛月三年○長是塵筆

馳驅廿載中○画三元三元添松葉四郎○修疏分上菊花紅○雲樾告我山游游○

知足催詩向阿誰

初五日癸丑

寄復三哥信並詩　讀陳簡齋集有史詠叢脊鐵爾帝者卿　卞王

寄季通柳士師墓作也

初六日甲寅

揚子省又復來約午刻過之觀其所得戲鴻堂帖卷十種又見麻姑仙壇記

及顏家廟碑　三先生所藏代購之蓮儕多兩漢訪碑錄二冊

毋置勇夫日購得興和孔廟碑陰完好實勝當日校錢某器臨漢隸部

氣也佳

初七日乙卯

將闈外所作文錄一稿並題詩於後云：龍門高直與天齊，御曲儒吾唱鳳兮。司馬當年備痛苦，晏殊何必試他題。才華奇特仰真友，笑我呻吟任老妻。紅日一周天又曉，閒聲莫當失晨雞。　午後到上店請父親安

早發後鎮信一封

初八日丙辰

母舅至因出家所藏碑帖數種同鑒　看儒林外史兩回不覺噴飯

初九日丁巳

王生送文來述蔭南之病甚

初十日戊午
十一日己未　往東試小頑以安步當車之妙
到塾少坐　山東王叟以帖來便購張懷聖教餘清齋揚黃山谷小書及爲貞碑
魯公之表諸種　三表據述是宋元家所藏者細膩之至究殊是後人僞託然於魯公
筆意已得其八九　寫興和孔廟碑五紙　閱宋潮齋日記
十二日庚申
午後過禹言星南見其甥所摹張公壽序上燈歸寓閱之甚乏
十三日辛酉晚微雨五點
黄生家之藏香光小品二種其一爲壬戌出都留別七律四首其二爲書破詩用楷書不

夜雨跂跂一氣流轉也 竹草堂所假得汪梅村集四册又有東塾集完備者也

十三日壬戌 晴和

擬將舊藏零版散集成册以便閱覽 午後沐浴

十四日癸亥 小雪節

過雨臣談近況 閱汪梅村集 雨臣述沈彤桐吳士鑑皆將學有志之士

購東方畫贊碑印本屬王吏裝裱

十六日甲子 冷早有薄冰

三哥過我小聚 三兄昨寄到之美議作一緘復之 昔日擬過從師友諸賢以

足力尚未能也 海珊先生來述胡某事

十七日乙丑　駢文中最喜吏生集古文則求闕齋以外非所願也

聞蔭南疾已愈八九蔭老亦寫日記　下半日過蘭丈見贈郭節孝單式

晚讀稚存先生駢文　魯公草書三稿僅見与郭僕射一帖祭姪告伯皆未之見

十八日丙寅

閱求闕齋讀書錄集類　杜少陵於太白風相期洎白本至此何不相離相字皆當作入

聲　揚州王義門至今在一作臣家見之又舊相識也　作舟楫編孟子易

參　敬居集宜看　母舅壽來云不必回興化

十九日丁卯

午後謁孫師未遇即過三兄見杏農先生　以萬言所撰尋曲園四書文一閱

讀春葹閣乙集文十餘首元和濯濯不僅漢家之大風青瓏陰陰猶上秦時之明月

二十日戊辰

閱林文忠奏稾一冊 閱荀子大畧宥坐子道法行哀公堯問諸篇凡有精悟皆用眉識

二十一日己巳

見義門所為駢文詩詞皆卓然名家傾倒之至 武林韋硯作舟述易順鼎題田某詩云君能吳歌兼楚歌松間大月照山阿千春碧血銷沈易一代紅顏流落多莫把年芳供涕淚相看此樹為婆娑禰衡感賦同蕭瑟搔首青天奈爾何

二十二日庚午

與三兄星兄同訪虎臣所招義門杯酌快談徹夜義門多才多情[illegible]其駢文尤

送方蔚丞方濬山南歸序 悼谿集自序 詩如題 送江鄭雲先生墓葬樟圖 贈金蔚懷 皆星根

根有情韻之作 讀書須通 通學須早 張藩字梧卿

二十三日辛未

孔子言志學 孟子言尚志 志其要矣 然究非一志遂已也 曰立曰不惑曰居仁由義 皆即孔孟論志後切實功夫 蒙童皆志小學 志經史學 詞章學矣 津沈倏忽 更歲廿七 學志成否 固不可問 且恐并此有志於斯 斯志亦遂亡之也 敢不懍然 吾之名吾以字之 字之曰成侯

二十四日壬申

學問之事 固當務其大者遠者 尤當務其通者要者 寫曹子建碑

蔚如歸來 陳臣招往聚談 蘭丈撫編近十年懷舊錄 晚接之兄信 述

王可莊太守仙去，誠為惜無已

二十五日癸酉

閱國語其廉有徵乎，因悟孟子子思徵也之義。讀閒字雲駢文

二十六日甲戌

閱國語。擬与集友書。讀文選。復二哥信。點毛詩傳箋

二十七日乙亥

晚謁三兄暢論。看山陽丁晏毛詩古學義原序，其推毛公師承及以學業所傳皆滕此指者

二十八日丙子

二伯忌，早往西宅。蘭丈能過我。點三國志魏武紀五葉

二十九日丁巳

點武帝紀五葉　看朱子語類讀經法　禹言晚五述所作某文跋一首　三月未卒業　藉蓋攄一快事也　義門寫黃門山家訓一則語我其勉學　可敬

三十日戊寅　大雪節　有父

閱朱子文集讀經法　看國語晉語一本　校錢生賦及王生俞生文　石印六書通一元八角

燒門穿壁硅為一對　潛之論相州篇云武王公如子仕宦經者不至於穀二之作善詞

十一月甲子

初一日己卯

讀賈子新書　攄經典序錄謂受學於張蒼、蒼為荀卿弟子　史漢稱誼能誦詩書精左氏　蓋皆原於荀卿云　寫畫贊三帋　過飲蘭　點信南山甫田注疏　微有詒義　輯司馬法四條　看谷永杜鄴傳　點魏武紀五葉　笑袁紹祀橋玄一誠一偽　迥然相判

初二日庚辰

點魏武紀畢　改錢生文一首　閱孫子十家注　舊為宋吉天保輯本　得淵如先生精校美矣備矣　輯司馬法八條　看丁晏毛鄭詩釋

初三日辛巳

點大田至頴弁注疏胥有有才之謂　寫畫贊三希　觀徐浩不空碑乃知吾鄉尊

夔先生書法純從此脫胎　點魏文帝紀五葉　改作錢生文肩　讀賈子新書富

熅之熅即温厚之意漢書作熅形近而譌也　錢生易名乃鑠字曰伯肩　看孫子三冊輯司

馬法十餘則

初四日壬午　天色黯黯頗有雪意

觀錢某溪所摹漢隸雖未盡合古而於初學最宜　王夔贈我翁方綱臨碑儀銘揭本

又涵吾甫詞碣本　孫師指年節并有浩甫作東道　看尹文子公孫龍子慎子鬼谷子

錄武英殿聚珍板緣始攷稿一通　到店請父安

初五日癸未　大風甚寒

點魏文紀五葉裴注所載禪讓衆事聞之殊可噴飯不知何人抗顏爲此雖曰晉氏亦非諸自乎厥後競相效尤禍衍南北罪首之誅又何辭焉 午謁孫師即過三元觀婆羅樹碑

晚閱唐金石萃編

初六日甲申

點魏明帝紀五葉興雨祁祁得一確証 寫山谷梨花詩 看世説新語

孫師擬購蘇靈芝田公德政碑未成此碑在今直隸省

初七日乙酉南風晴穌

父親誕辰詣居恭祝 局委朱公代理縣事 點魏明帝紀三葉 點詩經注疏青蠅至菀柳 平平左右襄十一年左傳引作便蕃左右 寫梨花詩一二市

初八日丙戌 西北風 有雪 甚寒

早同三哥往西夏家 觀麓山寺碑 筆意雄深遒厚 閱趙秋谷聲調譜

初九日丁亥 易羊裘衣

寫畫贊兩條 點都人士至何草不黃注疏 輯司馬法一條 點明帝紀五葉

看歷代儒林傳序及漢傳經名儒列傳 董仲舒奏對中多有論語精義 伯聲看

予新得不空碑 而則時成佛道 連王氏萃編誤作即 此搨為正

初十日戊子

寫畫贊一條 閱經典釋文序錄 讀國朝才調集 點三少帝紀

十一日己丑

改作俞生玉生文各一首　閱唐金石萃編　徐浩三世善書其子名現為父寫碑頌

看家語　點三少主紀畢　少康優于漢高　閱談龍錄

十二日庚寅大霧

与三兄往賀次雲便過飲蘭　改作劭鏶文一首又鴻緒魁官文各一首

十三日辛卯

往袁家市　在店見丁師及漢母舅　看漢儒林傳

十四日壬辰　連日陰霾燠非常　冬至節

到秦和請父親安　寫雲飛經一帋　林屋山寺三帋　看石笥山房駢文四首又小倉山房文三首　讀楚辭得句子天地吐一語　讀兩都賦

十五日癸巳 陰 頗有雪意 初七八申報述鎮江祈雨 午後晴 向夕月色皎然

點魏后妃傳 昨日解學反得寫讀 今日上學忽招葉戲 世事變幻每出意外

蘭文招晚飲酒罷 隨孫師三兄井溪橋看月 禹言過我 論吾儕東塗西抹作何了局 言之惆然 禹言去後靜坐獨念 著書一事談何容易 專門覃精 性又非近 且筆耕勞人 神智日減 唯有多讀多看 廣為儲積 默用考據 使聞見不荒 學為詞章 陶寫性靈 常烟是則 循涂漸進 萬有一得者也 曾文正看讀寫作四法 適與師訓之細思 其中仍當明主輔 終身有終身之主輔 一時有一時之主輔 即如現在讀毛詩注疏 則毛詩為主 群經小學書皆是輔 看漢書點國志 則漢書國志為主 群史學書皆是輔 考證荀子則荀子為主 群子書為輔 念經史百家雜鈔及國朝六家四

六則合聞鄉八家為主，舉古文駢文皆是之輔；寫東方畫讚則畫讚為主，舉碑帖皆是輔。批段

制藝詩賦。五自學為駢文則制藝詩賦駢文為主，舉撰述皆是之輔。如史則主輔之而看讀寫

作之備。終年若人為事而計，原不能屏絕一切，依其僅讀書敘事並念蘇文疏

造次不舍。驚馬十駕，道遠人。古詩云：志士惜日短。又云：志士多苦心。苦心惜日，古今志

士豈異趣耶 子正月 當頭

十六日甲午

點大雅文王之什注疏。鼻不聞香臭，聞猶知也。趙甌北詩云：明知得失等鴻毛，舍此將何

術救饑。親老何難入青俟，時清豈敢少徽。高長鳴棧馬猶思豆，未解屆牛忍善

刀回首。短檠殘燭夜撤董，自笑窮鼠徒勞。讀史記漢興以來諸侯王年表序

點董卓袁紹傳 改作乞生起講十首 泰西善舉如瘋院盲啞院育嬰院童藝院保良院皆著有實效頗足依法 十日報記杭州城外鳳凰山崩裂四圍約丈許深約七八尺又金川附近地方名噶達汛報本年七月十六日卯刻地震

十七日乙未

點文王之什注疏 看毛詩傳箋又看趙聲傳文王受命考實 點魏書列傳八十葉趙豈受秦毋君公羊學 易之繫辭易其以爲言說經之鑿歷處造非若其說之難通也若中心之雜信耳

十八日丙申 上燈後微雨夜大風

點文王之什注疏 雍雍在宮傳宮辟雍宮也案天子曰辟雍此亦文王受命之一證趙氏考實未及

諗南新瘖過我　點魏志列傳七十葉　陳蘭甫先生之文孫名慶和現爲廣雅書院分校

十九日丁酉　早微雨

日本通國現計七百八十八萬七千五百七十八戶都四千一百八萬九千九百四十人已可見生齒之日繁矣

點文王之什　易噬嗑聰不明也疑即俗所謂聽不見明不屬目而耳可言明猶之鼻聞不

屬鼻而自鼻可言聞（鼻聞並見詩大雅鄭箋）　點魏志列傳七十葉

二十日戊戌

點魏志列傳三十葉　午后過恒豐謁母舅即觀華山碑又見板橋寫詞一幅

過〃先論文常州某友贈馬驌繹史一部〃〃先曾以段閱云本末詳核實爲以古史者必

不可少之書　據香濤書目有通行本似不難辨也　佛出於老見魏志裴注

二十一日己亥

三哥假去曾奏議十一冊又駢文三冊　點魏志百葉

二十二日庚子

點魏志六十葉　常林傳注引魏略清介傳稱其家貧竭，好書，不恥惡衣惡食，而恥一物之不知

孫師飲老同邑過我　三哥晚至述秋岩先生於今日毒逝世

二十三日辛丑

早往帝居家奠教印過魏星南　到店請父親安　點魏志畢　計共五冊

看詩傳說彙纂　讀史記魏其武安列傳　溫楚辭　縣官祈雪

二十四日壬寅

讀韓子祭張員外文　又讀史記伯夷列傳　此卿風似裴以外傳為孝林讀三國志夫餘國傳正夏此皆之庚臣此舉可謂用夏變夷者矣　寫畫贊一帋子廷碑一帋

晚作楷三百　備宗兒識伋　讀霍光傳　改作乃鍱文晉　三哥臨儒林外史

二十五日癸巳卯

和師挽秋岩先生聯云東太邱難星而梅物謙光令德知其福再親其吻陪清陶世云節

侍坐恍如臨雲霧　衍南城家學以傳經宿義新機沾濡不少　願宗弟讀門牆桃李成陰莫便負春風　蜀書蔣琬已點過　先主傳今復點後主傳　過飲蘭未值

讀魏文帝與吳質書　情詞悱惻　百代興感　少壯真當努力　年一過往何可攀援　古人思秉燭夜遊良有以也　此語亡為可念　讀韓子伯夷頌　彼獨知聖人而自是之如其

二十六日甲辰

跋所寄朱雨秋六十云駟翼有青將軍不羈亂非常超眉岸序雅不德新文 四語集成

不雅之來都具甚人耳矣 點蜀書二十葉 設乃錄賦一首

二十七日乙巳

早至□□□茶 乃錄今晚同興請改課藝歸又撰文賦詩頌一帶

在俞館見七人横不當至茶博士氏語不合遂撤桌而起走出將前武經人爭阻乃罷詞

像新令尹上家奴 二元全可到廿二日信內附改楊恭光玉又頑生報書

讀韩子羅池廟碑平淮西碑又讀通鑑赤壁之戰 丙辰作景辰

二十八日丙午 微雨數點連日東南風雨并未甚澤下沛何也

閱汪梅村集。又閱世說新語賢媛、術解、巧藝三篇。點蜀書畢八篇，後附楊戲所爲

合讀吳魏二書，精采甚少，倒亦隱隱帝蜀之一證也。讀荀子非相、非十二子、大略諸篇。

復二兄信。汪梅村有釋注之篇，又釋白巾、釋緣中衣，均詳核。寫畫贊一幅。

二十九日丁未　申報看至廿二日

閱尚書大傳鄭注所言今制。孫師招午飯。遇二兄問安。母舅晚至，述所居甚局。

讓之聯，上聯對云寄興於琴書以外，默用淵明無絃琴及讀書不求甚解兩意，頗

耐尋味。閱王氏荀子雜志勸學篇之雜志、非相篇之士仕兩條，皆經說過著

書。翻恨古人多良甚。寫畫贊一幅。比息於溫潤而澤七字，擬爲現成。

三十日戊申　論語百官之富，富當讀如左官之官，官，官舍也，方與宗廟爲類。

點吳書百葉張嚴程闞傳評曰嚴程闞生一時儒林也是蓋以人少不足成篇而隱
標儒林二字於傳云 寫畫贊 過飯蘭先生傳蘄州郤二郤字疑衍
今夕點書匯五子正竟奴獻儀幾五頭觸屏風 記喉轉意四字未解安問
陸賈新語賈誼新書桓譚新論薛瑩新議古人著述每號為新甚矣老生常談
易招厭惡也 唐樊府君碑為關中金石志及諸家目錄所不載道光八年周頁木
學使訪之默讀碑置使署字畫完好其褚薛規模錢唐沈兆霖有記
知縣為王楨甫撫提熱嚴先生聯云桃李成陰何七十鯉庭山光小艸菜義楨鵷敢從堂棠誦
伊蔚

十二月乙丑

初一日己酉

點吳書八十葉　從雨山居士假得欽定三國志每卷皆有校勘記甚善

初二日庚戌

虎臣過我并遞述義門手跋且告南三哥及予公函一書其大旨以致力於文為第一義

過館老閒談

初三日辛亥

點三國志五十葉　閱帝諡忠義見乾隆四十一年七月廿日上諭

過三哥即詣大母舅所讀華山碑　寫畫贊　往作舟山家信

初四日壬子　母舅明日五十初度今日為作介眉壽

初五日癸丑　閱報五葉

散學三頁　孫師大兄三兄皆至共陪母舅道遠亮兄回　申後段去經史百家雜鈔廿冊

往星甫家拜三七　寫林麓山寺碑

初六日甲寅

寫畫贊　看唐金石萃編第三卷　飯後拍飯　夕陽時隨孫師三哥城北閒

步見群鴉無數集荒墳上孫師出句云鴉栖荒塚黑蒙蒙妄擬對云鱗捲海波紅

寫三三有送某友花燭詩兩首中以簫史喜隣方相氏未蘭對仍為書詞 詞雅切

三三至　周四先生為飯後首奉東坡笠屐圖論其有出塵之槩　五叔屬求雪

初七日乙卯　微雨旋晴天何吝惜乃爾

改俞生文四篇　俞以藝管眼藥餽蔡=，昨見之，居然大愈

初八日庚辰　閱報至三十日

改邑生起講四首、試帖六首。閱潛夫論讚學以下十八篇。借魏默深書古微，甚惡劣，謄錄汪繼培

箋本以校之。據王謨書後云：以漢書本傳不言王符治何經，考其所引詩，與韓詩為

符當是治韓詩者也。並班祿篇引惟此三國，其政不獲，正用毛說，王謨所云亦非定

論。燈右寫寄語寄錢生　跋雨岩龍溪文鈔集

初九日辛巳　閱報至初六日　微雨

讀孫芳谷文鈔集。其人頗有才，曾作君題詞之後，不惡。丙帥招晚飯，作書辭

目之見　書清制府國朝著述諸家姓名略，經學、史學、文學、經濟皆列之，並識不愧也

初十日壬午　陰雨

新縣課題入其疆土地辟田野治賦以海有蜃氣象樓臺為韻以官字挨一卷

飯老禹言皆至·溫病條辨新印本禍洋二元六角　寫隸一帋

十一日癸未　陰雨

早晤林文滕真送之飯老處　陳瑞四翁作古前以病未能往探今聞此噩矣即

詣奠焉　寫戒楊家挽聯及東和店送去　讀宣盦詞及續集

十二日甲申　閱報至初七日　晴

早謁孫師未值　山長課題巽與之言三句賦得數點梅花天地心以心字為韻寫一畫

莊楚老招晚飯與之論前日文　飯老過我述與環通之言與本傳異

十三日乙酉

祝徐母壽　庚申訓神麐集早麪　母舅彤林日右拜四興　改色生識賦四首

三元轉用蔡子讀其集　讀定菴詩其常州高材篇送丁若士履恒一首尤有關於學術源流

特錄之云丁君行矣讀其集忽有感聽我擲筆歎常州天下名士有部落東南無與常匹

儔我生乾隆五十七晚矣不及瞻前修外公門下謂金壇段先生省吾堂集始見臧在東顧子述李裒、大可才

我識惲伯子居絕學我識孫季逑日取以乃說學故趙味辛莊以下詩趙畢琳王君折節

遇我厚我[illegible]逐常人游乾嘉輩行能悉數、其派別徵其尤易家人人本

虞氏毖緯戶戶知何休聲音文字各窔奧大抵鐘鼎工冥搜學徒不屑譚賈孔文

體不甚宗韓歐人人妙擅小樂府爾雅哀怨聲能遒近今算學乃大盛泰西客到

殷如儁言常人傍晚閒常故異時就我來話談西亭壽老尖手挈翠叟及洪蕙亭壽逸

莊山卿張鳳翥開伯甚佳鼎鼎八九子本奇人一葦之方先生印邱所恨不識李夫子申耆南屏老

顧宗木耕雲曾同陸子坐卿屢通訊相交何異雙綢繆識丁君乃二十載下王甬遂忘

來秋丁君乃吳興子恩長生一官撥老誰能留陳朕顧予合其時只一散人海如見鷗

嘉口才人學人一散人海如見鷗明日稍訪城中劉申受丈

十四日丙戌

學隸兩帖點王之付畢又點生民一篇先生如逝先生者柳生子也即李鄉所謂頭麦

兒錄肩生試帖六首魚生起講二首讀定庵詩蔚如去晚左之光許共談

十五日丁亥

焉言罷事常州縣文於有　蔚如段漢西域圖考　往王家奠辭

點行筆以下三篇　看潛夫論畢　衆魚旐旟皆夢之象首步5熊羆虺蛇為類

晚讀洪更生遊記數篇　往〻向候吳敷卿見細帥已見

十六日戊子　閱韓丞卯九日寓言一則大可發笑

到李家拜壽便與飲老同過三兄　敷卿偕楚山丈至　潛夫論敘錄一篇筆段甚簡樸

點寫五劉以下二篇　三單疑不如傳箋諸說　王筠說文釋例蘄字紀曾及之頗可采也

看風俗通漢魏叢書本不完當別見輯本也　晚看駢文類苑序類

中國仿行西法紡紗織布應如何籌辦以保國家商民均沾利益論

史記五帝本紀正義引鄭玄云黃帝以下仰天地置列侯眾官以風后配上台天老配中台五聖

醖〻台諺知風雲（出栖幽）引天老云〻即斯人也

十七日己丑　陰雨　昨見某舖有龍威秘書中注之繫傳一種　余索之已杳

段歙老史記陳〻龍餘學遠謝議來　昨見李廉波家挽聯皆有劍拔弩張之態

孙师别挽一联云　事業維邦頻年盡瘁　乃寄懷坦而公財不蓄私囊　想平

生誼篤家庭　晚日可盟似水　弟兄垂老　相見哉時奈逝倩倉黃　小别遂

為永訣　料伯民情深手足　經天定有淚成河　點卷阿一篇　看張守之印山莪

司馬貞索隱序　看駢文類苑書啟類　松甫由東坡書來

十八日庚寅　陰雨

放學　孟子引孔詩　稽克在位　即周之蕩篇也　點氏芳校之湯柳注疏之劉君之宗之

之宗之為校之宗維翰之宗毛傳一也　史記索隱亦未成之書　飲酒閉門不出客曰滴
釋文校勘云閉門不出客者如陳遵投轄井中是也　劉開與王子卿太守論駢體書亦為
學駢門徑非裴松之三國志補注之駢體津梁之一裴駰為史記集解即松之之子
黃安濤答友人商游幕書筆耕墨耒自知逢年萬磨牛驥之老傷溷俗也
四語實是辭子安身定以作　點史記五帝本紀夏本紀殷本紀嗟茲二字誤倒矣
讀殿本校勘記冒及之悉
十九日辛卯陰午晴
往星南家弔又至西宅拜周忌　盧楚卿至　晚點周本紀櫝而去之去即藏
也猶之廢為置亂為治　烈王二年之太史儋疑即幽王二年之伯陽甫

二十日壬辰晴 閱詩五十首 寫致二哥信又復彬甫箋

恭祝母親壽辰 伯聲由興寄來文賦各一首 松湖來留飯閒談

六弟由鎮回 錄丁巳五言詩大少子原序 焚之吳穀仙 蘅如招飲作古風憶月川

兩言積慶之哥諸君之兄弟平生辭 松湖述王肯堂論診脈準繩甚詳云

二十一日癸巳 微雪旋雪月北風甚寒

還禹讀書十八册 過飯老梅已開 點秦本紀 阡陌一條溯議者引風俗通云云并末

標明為正文為索隱正義集解未粗而局未能載何也 午後到店請父親安

點秦本紀贊 歸高韓非江淹五篇佳 讀論語及門錄及仕進之門 桑蓁鄭氏箋

已言之韓非正文引服虔左傳解 贊云右扶風覆君自是也 案服虔左傳解有贊李氏

老伯覆信请送当引之家检　阅钱牍赵骈文

彭兆荪刘开乐钧三君骈文为国朝八家外必当续选之作　乐钧者王之滁山先生书

云督灯校字目眵犹披嘲笔写书手艰难缀之可见其劬学矣

二十二日甲午微雪

饮老招同翊卿小楼茶话便过三兄三兄主家读晋书　点大雅毕又点颂已嘻

嘻经三十里诗三字去极其妙也正文解王中丞云三美人目一时尽之三十里而天地合于三十里

外不复见之目为极妙也不题淑康言我太功而要之也　山弟子即来述在镇道况云

及中冷泉水今年岁当之味极佳泉图厚百倍　挹海秋由吴来述伯都到吴以

琐事　书院桌进不春来敬问故　丽楼老已往通州　秋孝廉两贺

丙吳鹰二君先後以他事去堂檄月餘矣所一咲 點史記始皇本紀篇末載秦紀一段事略而文奧據所箋云太史公所以載之欲互証而備遺也誠然 聊生傳附聊生書六處倒 裎禍一作程禍索下文對以精粗則作裎者爲是 鄒陽伽駢文之高名家

二十三日乙未 飄雪竟夜

不憖遺云不登諸之正義云不登附諸之然則即以爲登時謙詳語也三國志注亦有登時語 點周頌畢又點魯頌 正義中引司馬遷兩條 白石先生偕禹言崇兄至 把臂談頗得積潤先生新寄首笑字天上樓星已一一瞭然悟白也 六宮角由鎮帶來之新年曆 碌碌者若干本 閱之皆以周一亦以然

魯頌思無邪作非吾斯之言筆也 浙江馮蘇孫子中式第十三名其文云然爲齊

書藝舉題爲知見之長必不及一筆道所說上爲文案見不鮮話下之論度之啟思所

及以擬爲用則其辭不可及也 蔡壽祺之東八角有五福通考

雪中戲爲十 白石先生云執筆不可過高 今夕正詩風月無虛到

梅花 宋子京先生嘲葉肥翁詩也其人頗精於畫故上戲諷之云

祀竈

二十四日丙申 微雪甚冷 詩經注疏自本年二月初開點起直至今日全書點畢讀者甚少必長於考者要力不知於此見古人若或部其厚也

目微紅 至蔡岩精舍邀叔師侯石白老及一甫侯甘府小宗兄午飯 午後隨叔師過飲

蘭先生 昨日準擬明年詩注疏點畢而竟不能今又以目痛中輟凡事至

將到圓滿之候必有魔障上燈後鼓勇點閱居然卒業是魔不為之魔道所

敗矣　白石先生寫春聯一副精裕圓聚不知為何人所得

一部詩正義中有無限古書古義摘其類精抄惜無備書者也

孫師撮古所材驗所用亦何人不起於周情他日當集古屬由以成之

靜觀李北海書長人孚之氣　晚飯後起大風

官　丁卯財　戊申　陳白石先生為予評八字必未樓云宜

印　己酉　甲子　以木火運一而以扶官也蔚必說與之

庚子　丙午　兩漢作舟說天干一氣相生也支卯未又

食　壬午　甲辰　從擇媽不新是干祿崔鄉象

且以所云乃四柱局也

二十五日丁酉 霏雪一陣 晴 冷滴水皆冰

晨觀高貞墓表諸碑以養目 庭中約寫春聯信之意書之 大母舅自興

武又帶來伯聲表弟時文一首 十五日報云鍾山書院現聘錢梓庵先生

主講 白石先生述彭剛直公登泰山楹聯集唐婉約多味特志於此

我本楚狂人 五岳尋山不辭遠 地由鄹氏邑 萬方多難此登臨

點項羽本紀 何屺瞻詩秦漢之間又一朝 可為霸王雪憤 董份評項羽論宋義

一段雜學書之成而所見非學士大夫所及 案份論精確羽之當書即此書也

本紀學為文章之類 其論議之工不工固不繫乎此也

二十六日戊戌

孫師命書挽汪雲閣先生聯云停車欲弔桃潭水編集剛齋杜甫箋

可禾翁招午飲與蔚如同去坐有禹言下午偕過崇光若話見蘭

史　閱書院課出日夕往觀孫師飲老趣等禹言特等叢書漫四集第一

孫有高位疾顛之懼　直飲老許畏設飲老新酒掃一室前列史籍

靜坐其中頌畏盈梅香云乃仙中人也　點高祖本紀雲邑雖不欲屬沛

公服虔曰雖故也蘇林曰雖素也安宋子所雖言之雖即當如字解

依常云親不借友案即漢孝文紀所云右賢左戚也

二十七日己亥　晴有雨稍和　閱報至十七日

點呂后孝文本紀發倉庾下列胡三注又結軼於道韋昭曰使車往還故轍如結也相如

曰信執四匹攜案注言別本文執字當是攜字之誤未詳校勘家以為正何也

孝文紀如淳注引長安圖細柳倉在渭北近石徼又引三輔黃圖棘門在橫門外

朕之不明與嘉之之注未了讀書雜志漢書第三若甚悉條下詳言依其說

古時先生二字不必并稱或稱先或稱生如史記鼂錯傳學於張恢先所漢書云張恢生

所顏注云皆先生也之頗甚殊說見十七史商榷 錢 沐 批併午還山長葉必周

嘉玉首蒙前作者超等 閱長安志圖 燈下又點日京之師武之帝本紀訖本紀

是諸少孫所補全取封禪書為之 測議本擬一校寫甚是日京之帝紀亦未取書也

牡荊之荊字者皆以挈齊之直也 武紀如淳注索牡荊之牡亦應如是解

群儒既以不能辯明封禪事之拘於詩書古文而不能騁 注古文不知何指 宜核

予欲見臣公撰書意若我曰臣公謂武帝莫如天子之子稱臣云
秦始皇謂後世以計數二世三世至于萬世漢武帝云元宜以天瑞命不宜以一二數
雄才大略各有見地

二十八日庚子 晴和

明日立春縣令偶公於今日先迎春於東郊與學先蔚如同至三昧寺觀施春
典禮 閱白石先生小病 邵師招吃豬頭坐有蘭丈飲老杏老蔚如禹宗
請公飯以渴甚辭過張文臣處索茶便讀鮑聲甫先生字陳白石先生庵
所謂雙絕 杏老命拾峿浯溪㾈亭三銘因備錄顧氏金石文字記一則於後
峿臺銘元結撰篆書大曆二年浯溪銘元結撰瞿令問書大曆二年㾈亭銘

元結撰瞿令問篆書大曆三年右三銘並在祁陽縣元次山愛祁陽山水遂寓

居焉名其水曰浯溪又名其台曰峿臺亭曰㾡亭所謂三吾者也臺銘刻在臺之

北甚完整溪銘亭銘刻於東崖石工隨石款斜剝厚雄揭而小篆筆特佳

視臺銘更勝別有黃山谷書百餘字云與陶介石披[illegible]榛[illegible]得次山銘刻

書而志之又有皇甫湜五言古詩一首次山之子謨五言長律一首

又金石存云右㾡亭銘黃山谷云溪銘季康篆亭銘袁滋篆令瞿令問篆惟臺

銘不云篆書者姓名又云以字法觀之亦季康篆也 吳氏據

點史記補書 讀史記十二諸侯年表序及世家孟子之所固辭非之讀者往往據

據朱熹以著書標出則孟子一書本孟軻所作也他日據為孟子本末我證

張文襄由新昌寄贈先生之範刻太平御覽 閱殘讀類駢文王衍梅頌後繫詩

二十九日辛丑 立春 和風拂面大有喜意 薙沐

飯後携前課訪青照來 進士公手筆 究不必造化小兒 孫師老矣 及於字宜字

寔忌瑣弟精外立的一知己 昨夜丁公攜侄南第屋去慎便以青照處性四百翼卿作

孫兆之姪 到若可見孫師即將蔡蔡青照來存 董秋緘駢體甚工誠不愧諸共

定庵大壽人之目 閱東嘉山長明年仍是翟老 過李樓先生不值

到塾取不空碑 毋留午前去 晚點畢書楊升庵讀孔君補少孫補

三十日壬寅晴和 閱報至二十一日止

閱律書律與曆相次律與兵相因太史公以寢兵息民為主將的律

意　下午至各處辭歲　祀祖祭神　亥正睡

燈下閱書後辭司命辭云趣檔案　二兄寄到黃叢与五弟之書

寫拜年箋

題袁子才小倉山房集

其人與筆兩風流，紅粉青山伴白頭。作宦不曾逾十載，及身早已自千秋。羣兒漫撼蚍蜉樹，此老能翻鸚鵡洲。相對不禁慚飯顆，杜陵詩句只窮愁。

靜者閒雲去絳霄，平生出處亦超超。曾游閬苑輕三島，愛住金陵爲六朝官。青山豈必居有味，眼明也要福能消。吳梁福壽知何限，此集人間獨不祧。

皇上八旬聖壽恭紀

虹電祥光耀大瀛，八旬聖壽際昇平。祥開地久天長節，歡溢山呼嶽拜聲。十賚文多看慶錫，七袠筭滿又重更。史書翻遍無今比，普集聲禧助慶成。

神聖德筆難陳 敬𩔖高宗壹百民壤 歌載同全 詔免 郊禮每榮必 新親縹

㴑四庫書 三校河海雙隄 駕六巡 五十五年如一日 固應萬福自天申

雄圖廣運請戡靈蹟記真肩 適九寰 聲掃 又過蒲類海冊書新到緻園山 安南以名見 以更補付 梳柳

庭雨連銅柱 楊柳春風度玉關 從是 恩威協下寓 羽 千叢遠斧誅頑

但從 御極紀年秋已過果唐晉隋周 帝王在位五十四年 上御極年已過之 揮翰尚傳金鏡勞 攬轡時馭玉驄

游芝蓋不覺天容集蓬閬邊添海屋籌信有 至人游帝所 共天行健自無休

二千年內只三數 三代以下人君年八十者惟梁武帝宋高宗元世祖 惟 還遐耳 自皇景運延 億譯萬方貢象表一堂 五代衣

龍袍屢比比今屋相聯 恒試多年与矢臺 都是日升平 極盛年 璇圖鴻福接天高

行都先教修延開 漢北諸王進壽杯 朕 稱共以為天可汗 見 音齊頌佛如來 樂 排

光绪二十年

式古訓齋日記

甲午元旦上[illegible][illegible]

正月建丙寅 十三日雨水 二十八日驚蟄

初一日己卯 晴穌

往賀各親友 親友亦各來賀 春風所至不言惠化日舒長又一年 鮑老家春帖也

點律書麻書東壁屋不周風東主癩生气而東之清明風居東南維主風吹萬物而

西之東之西之皆是實字虛用法 讀書畢得一詩云 朝看斗柄又移東[redacted]符甲欣欣

直歲旅[redacted]磨我功夫還守[redacted]驕人名字也書經[redacted]兒愚不解高軒[redacted]親老滿珍奇

酒[redacted]首蒼天說心事[redacted]羽毛畢竟藉長風[redacted] 魁官諷三字經丞蘇老泉二十七云云

自念年齒已逾其一半憤乜其時矣 夜夢時恍若身在闈場中首場業已

試過二場五經詩經題采蘋用韓詩說春秋題緣生用公羊說 孫師堂先催予完卷

初二日庚辰　陰雨

點史記天官書以正月旦比歲雨率日食一升至七升而極　然則今歲民占二升之食也　又云日直其月占水旱　今日雨　二月必水　無誤驗　孔子論六經記異而說不書　至天道命不傳　傳其人則論說天道　即史公天官所列云云也　蘊山又曾見及之　得遷書以證之　其說益確　禹言多至當飯豐談　嚮讀孝文本紀結軼林結轍之誤　今讀天官書車轍為車通　乃知避武帝諱而然也　山河兩戒之　實戒字之譌　說見讀書雜志　史公海旁蜄氣象樓臺廣野氣成宮闕　諸語正以謂武帝求仙之謬　此論未經人道　當質大雅以定然不　為西方秋司兵　秋兵二字疑互倒　見袁滄生為其同邑吳某作傳筆跋者茂石下園之之廬士

初三日辛巳晴

點史記封禪書龍門筆妙允無其敵有黄白雲降〻白字疑衍 禹言過我覔指白雲

本紀剝石文 午後偕五六兩弟游東郊

初四日壬午晴

往東視帐母壽 與臣吾哥暨共話片時述日本女子小華生四絕句吐屬清婉非爾無可論

隨外師與兄同赴蘭史之招 在襄荷桂舍喚京江旗裝妓

初五日癸未雨

俗以發財譏人不嘗以不仁罵人也而人竟安受不怯日耶 或問禘之說一節可本史

記聊世之家禪之論 點河渠書東郡燒草 測識本作東流郡 過白石丈

初六日甲申　西北風晴

陳玳石家春帖云事咸有之君宋政二月頭彩想當然耳　浙江第一名舉人

點平準書殺字、霧作之霧字極太史公自以下實史公論贊語也故漢書頗采用之今本列為贊語誤甚　伯唐弟贈來即寫奋之　三兄買得東畬表兄竹畫竹一幅　筆跋健庵　查白石丈許見兩佳聯云　世上兩丸忙日月人間一子散神僊　元龍湖海之士

請節菴義皇上人

初七日乙酉晴

寫寄西二兄箋　過館老未值遇吾穗先生擲陞官圖起手得一不同

禹言招飲白石丈為禹言書半幽居先生聯云　解經遵服鄭　制行灋朱程

初八日丙戌

偕飲香二老及家崇兄往祝丁太師母壽　飯後補賀房吕夫人生日　晚設三兄所東宴客十一位　以子香林湖方日加東蘭丈繼矣即呼輿送歸　飲老讀書精細々常々國魏志裴注引魏畧後某人官壽付一條々根疑涉上文而誤

初九日丁亥

讀趙甌北詩　其論詩云　少時學語苦難圓　只道工夫半未全　到老始知非力取　三分人事七分天　又云　不識字人真快活　是求錢處必艱難　皆閱歷之言　晚飯後　香老約泛舟西行　即邀宗兄過予徇　香老寄示雨當軒詩集　許假觀

初十日戊子　陰

早詣丁師白事，旋至星南家奠辭，途遇虎臣立談數語別去。六弟南行，往送之。

在西宅午飯。杏老贈予昆季棘闈奪命錄各一冊，送坿舉業瑣言，頗有可采。

改作伯唐窗稿「比於我老彭」文。老彭出商中葉，享世六年，二二歲已被儒以說過中，惕只得以商榷。

大夫周柱下史之柱，以前書腳根古人之文，作文亦然。飯老月下過余。

十一日乙丑　晴暖，春氣大透。

讀文子纘義并緣序稱存世壹業於老子，非過之之。庸居標縱，多其說甚是。此案道原篇云能因則大，作則細。此論旨與論語述而不作[illegible]同，皆老氏之宗旨也。鄭注謂老為老聃，因孔子嘗稽之言。又改作伯福唐所課文一首，此二題皆舊年擬送寄來者。過三兄同赴崗如之邀，故師出新令三人精業，除同異之者飯，殊簡靜有趣。

十二日庚寅

節寢寡適飲食和喜怒便動靜此治身養性之要訣 柘湖過爲代覲魁子公子

伯眉由興也 午後過飲老僧至周罍先生家茗談片刻觀竿竹兩行与綠萼

梅相掩映脫去塵俗矣 寫蓮花經 閱文子符言篇 峯真与杜与論語

異

十三日辛卯 雨水節 天氣稍暖如三月 桃杏皆欲熟

申後拒遊西溪步徒每同同游者孫師堂兄蔭如憚行未往 飲老檢水經淇水篇

注引論語比攷識之顏淵不舍胡歎仲由蹴宰予隋車 亦此聖門一掌事也 昨閱周

藩卿游近今閱甄眉甫先生游文昌還隋豈天五重修白玉樓耶 下午散步北郊

在昂臣家晚飯閱思辨錄數則

十三日壬辰

柘湖茗話 與三兄過杏樓 孫師命至襄荷精舍午飯、晤崇光白石李慶之諸君

泛舟過子香先生家 對竹靜坐片時 禹言為泰州吳迂樸作墓表

臨黃庭一帋 李白石丈家又見海鹽吳虞虞子刻臨晉名人法帖數種 庚寅辛卯間二兄曾自鹽城攜以歸海連珠四冊即吳君手刊也 楊蔡甫來

十四日癸巳 大風 月色皎潔

禹言來論文 即共過杏老隣居銀杏一株風來過過婆娑欲舞 迴憶兒時寓此每晨聞烏鳥噪噪聲 即與三哥並起攻苦 秋冬時黃葉亂下 半襟挐果爭相拾聚

以為笑樂此情此景不可復得 馮生祖善請詩文題去 在白石丈家晚飲

十六日甲午

早赴塾諸生大半仍舊 閱初五六兩報紀內外臣工以 萬壽盛典蒙 賞賜者

不一其人 顏生書來其詩文題業由六弟帶去 晚閱集錦駢文

十七日乙未 閱初七八九三報 許星琳謐恭慎

寫趙文敏字三幅 讀書食貨志軍功多用超等 超等二字始見於此 甌北有和友人看花

詩疑即和隨園也我究不如隨園 又送某公詩云 蟣虱蚍蜉早知生有胄 發揮今古竟出兜鍪其

運用精妙 當時爭服之 讀韓文碑志數首 閱孔子世家 君子疾沒世而名不稱是作者

秋緣起 子之燕居子與人歌諸節皆是鄉黨之篇佚文 孫師觀老學老晚至枚臣論文

十八日丙申 微雨 閱初十、十一、十二、十三報 西莊太守段傍雪臨城李寔之宅

蘭丈過我 述當日曾文正幕府某君手上兩書不愧文正益友 沈幼丹之猶子馳馬入市 馬蹶

跌仆受傷而歸 此可為少年好馳騁者戒 讀陳涉外戚兩世家 閱二庾子山年譜

十九日丁酉 晴 南城遠堂綠衣畫竺

吉齋晡晚 自曹司鄧佩儿偕來 寫蓮華經一開 周子翁招飲 見杕播字

神仙官腹蔓見寫才子文章五鳳樓 畢同書寫繇周北堂先生聯也 與之見到店晚飯

二十日戊戌

讀楚元王世家 江老樓士錄刻姚文楠諸作 固自不凡 飲老述曲園𫐄墨卷 俱才氣橫發

二十一日己亥 閱十三四兩報

寫蓮華經一冊　陸瀛士畫㩭白石文云大是功夫　讀子山文　杳老子留至罣跋印去

二十日庚子甚冷早有雪花　閱十香報前義作何探源論

白香山詩燕雁助蒲萄蒲字不作平聲讀　同趙師堂兄招佩之主齋午飯便為山厨之

饌　三官殿西寮有古樹一株根在屋中枝柯橫布屋外翠色蔥鬱可愛

杏農先生邀晚飲五味使人口爽連日困于酒食真不勝杯勺矣　讀齊悼惠王世家

二十二日辛丑

曹參字敬伯見史記集解引張華說　自漢以來說眉壽者皆不甚了了白石先生見禮

器碑年壽字因悟眉年一聲眉壽即年壽年大也　讀蕭相國曹參留侯三世家蕭

贊云淮陰黥布皆以誅滅而何之勳爛焉曹贊云及信已滅而列侯成功唯獨參擅其名太史公

於淮陰侯有之，言寵愛惜之云。有擅口技某，作鳥獸言及老少男女之言，無不惟妙惟肖，亦能

藝也。巨擘即立擘，立巨一指得之持。蜀侯贊曰：言其神靈隱曰物，謂精怪及藥物、蜮魅物

實指怪與藥物之云也。齊俗更言某家以為物中何之，即是物字之義。吾鄉答神必先拜天地君

親師，相沿已久，莫明其說。今讀荀子禮論云：故禮上事天，下事地，尊先祖而隆君師，是禮之三本也。然

後知天地君親師五字之義實昉荀子。禮論篇多是禮之字，我即論語是案

二十四日壬寅，雨

早往作舟家弔。讀陳丞相世家：平為人長美，與封禪書大為人長美，文義同也。索隱彼注乃引顏

師古曰美之之說，而以言字連屬為句，誤矣。與伯虔眉談，以為講論語述而篇文莫吾猶人也，疑

當以莫勉說讀，謂某子猶人也，自上一句之子莫學可證。蔡寬言令兄雨亭先生精於學嘗謂

青索一種，字得通用。青縻之青，即拘罪人之黑索，縻謂羈縻之也。案此說甚新

寫肇寄二兄 讀荀子臣道、議兵二篇。師術有四，而博習不與焉：尊嚴而憚，可以為師；耆艾而信，可以為師；誦說而不陵不犯，可以為師；知微而論，可以為師（見致士篇）。 在白石先生家晚飯，先生為□

書大隸楹聯，筆力橫絕。 閱席臣述王益吾師刻之荀子集釋校於湖南

二十五日癸卯 雨

閱王氏讀荀子雜志，郝蘭皋、劉端臨、邵二雲、禮堂諸家引其說，又時引陳碩甫說。此數家都在盧校本所列諸君之外，未識益吾師何以搜輯及也。 席臣過我，云札記可用以事人文例

晚與三兄過席臣論學，即假儆居集一閱

二十六日甲辰 陰冷 閱六日報

元官生日喜西云云游宴一日與南田貴齋三哥打馬吊牌　初試似覺繁重三五次後覺著有閒靜之趣

歸臣假曾文正文集日記襍著三種

二十七日乙巳　閱十七日報　陳六舟升順天府尹

寫摺楷半開　改作馮生文　讀曾文正詩集　在凌雲館市筆兩枝　孫師棠兄同游

北部楝樹之神昔方療病求活者皆剝樹皮少許以爲藥　此亦佛家所謂捨身濟世者與

歸臣送蔚如北行　招往談話

二十八日丙午　晴　閱十八九日兩報　歷代黃河變遷圖考英洋一元二角

寫摺楷半開　讀儆居集　晚詣店　湘鄉劉蓉著養晦堂文集　歸臣假通考通鑑紀事

本末續經世文編禮類　夕聞樹頭鳥鳴　俗謂鳴則天將雨

二十九日丁未　雨

寫樹半閑（改作佰佰眉）賦　讀姜晦堂詩及哭曾文正百首絶句甚沈痛

蘭丈授我嘯雲軒續藁　史記三王世家褚先生引傳曰青采出於藍而質青於藍者教使然也又引傳曰蓬生麻中不扶自直白沙在泥中與之俱黑者土地教化使之然也又引傳曰蘭根與白芷漸之滫中君子不近庶人不服者所以漸然也　此三條可証荀子

憶昔閒庭相思謂祀西夫人之側願壇席奉之無斁也洎乎接膝而飢渴慰矣飢渴既慰而酒醴生黃之之節亦因之以紓夫始則勤於傾慕之方新不憚其煩也既而謬託知心以為是兩人之永好豈在此數者乎而既罷之端見矣浮物細故之遺忘誤緩者早引身而思避非足以貽背過鑑於其情之已怠也叢者惟讀持其之怠而已避當相見恨晚從自今以往之年願其味其之無忘也洎乎精形而約結深矣約結既深而言天

宴安之端亦因之而生夫始於怵於嚴憚之未精不及於襄也防而維持莫過以為吾兩人之厚愛矣庸此

斷之者乎而抑悔之萌作矣戲語褻詞之媟黷飲根者輙刺骨而奚乎譬圖痒遇傾危之狃於其情之甚

暱也慎之者惟共防其暱而已

右蕉山先生與子仲一節題之雖曰制藝而古今之要道實不外此宜反覆錄之

二月建丁卯 十一日社 壹日春分 三十日清明

初一日戊申 雨

寫摺半開 讀史記周勃世家索隱引淮南許注兩條 讀荀子宥坐篇 改作伯嚭賦

夕閱儆居集其書得力於宋學居多而亦不廢漢學 白居易新樂府百誦不厭

初二日己酉 晴

蔚如過我云初四日北上 寫摺半開 讀淮南本經繆稱兩篇 改作伯嚭文

初三日庚戌

早過蔚如 閱顧氏日知錄戎菽一作茙菽因疑戎是茙音 詩小雅常棣與侮韻者此也 然未敢據孤證以說經容他日詳核 寫摺半開 讀史記梁王世家名捐者為是

關雎兩詩則訓候雁來向賓字屬下讀謂爲句文義讀作讀必詩小洪棄洪字爲商頌異文弟未知誘

所受爲何家詩也　三兄晚至

初四日辛亥　閱報至四日　午後忽雨雪花一陣

魁兒上學　禹言過我云荀子王制篇具而王以下考爲王霸篇錯簡王氏襍志俞氏

平議皆未之及並宜錯讀以詁事者　寫摺半開　讀史記五宗世家三王世家　蕭何謚文終

公戶滿意習於經術　索隱曰公戶姓滿意名　案公戶滿意官太中大夫不知治何經據本文稱其稱其引

古今通義國家大禮文章爾雅　按爾雅字即爾雅經也　禹言段出荀子

初五日壬子

寫摺半開　歸蘭文趙甌北詩　義門舊藏本書其段力夫文之之意甚歐今與三兄

亦作一贼禽之　過郎亭論學

初六日癸丑　閱五六兩報

看姜臨堂集卷五與曾子石書曾言乞為文以題其堂曾集中未知是此作否　與曾伯涵郎伯琛

書極稱道為文甘苦周閱歷之言　叔耘看課廷之道　肯撥中國之議院次枝藤書院

三等名單　張臣寄來為我述其事惜今書局未歸鵠者也他日書之諸家同耐可作一表

寅撥半開　文錄吳太伯世家　一邦之一作寶之回憶前之議矣其可請諸會者也彼寶字之義當從

是　俟暇之為言　寫書首堯典舜典春秋首隱公世家首吳太伯列傳首伯夷青謙也寺庵

之論甚新　二兄書來述去年科場舞弊可某院某兩未試者罷不測之禍

初七日甲寅　夜雨　湖之來　達仙霜園

讀蕪四家 段述案文 閱養晦堂集 寫一箋寄二兄 寫摺半開

初八日乙卯 晴 閱正月廿六、廿九兩報，中間脫去廿七八 圭齋約茶 晚飲老 題周某社詩繼緣圖，云我道盧和雅琴福，最難歌中德中時 寫摺半開 讀韓集及蕭隱山時文 過飲老閒談 孫師禹禹同過我，處陽論文極一時之棠兄兄家四君子以朋友講習甚矣，人生快事事過去也 三兄攜去養晦堂文兩冊 甘泉黃奭輯其漢學堂叢書，今揚州某公重刊為印，計八十冊，禹言以史類為多，見宋其搜輯輯功畧見一斑，而價值太昂，未敢問津耳

初九日丙辰 閱初二日報 閱去年廣東鄉墨 讀左傳昭公 看養晦堂集

初十日丁巳

讀左傳定公　看𦸌暉堂集　崇光禹三夕約看燈不見燈而還　在禹三家晚飯

十一日戊午　社

瑀生晚來述乃祖稻香堂先生遺言條列　令人欽仰　先生著有淮揚水利圖說　易經圖貫測海叢言諸書其餘著述甚夥　惜斷缺散佚矣

十二日己未

母親往興化省外祖母恙　路作錢戴卿之文　卅二為辛氏宗而問政　与冉子退朝對曰政通別

十三日庚申　閱初三四五六諭

讀管蔡世家　使史贊言康叔之功德　左傳作祝鮀之讓　讀陳杞衛世家　宋世家　宋王偃淫於狂婦人語之桀

宋田敬仲世家六三淫於諸婦人

十四日辛酉　晴　閱四十八韻　湘綺評本南松府

改作送雲丈兩首　叔卿來，邀之喬茂萱往會觀烟火，重經火圍，諸記之哈金拿度　晚至南高上京各諸君

二哥函，函云代賜之書已交老齋帶回　顏芝寄文來

十五日壬戌　夜正月食　夜雨

萬言贈我梅花一枝，香除而處　改伯嚴詩文一首　讀晉世家　申生敗公子皆偏寡於衆矣

書叔題芝在四本　花僧詩閒者仍好，唐到開元業未真

十六日癸亥　雨

改伯嚴詩文兩首　披雲社出句云：稱觴共慶千秋節　叔卿對之曰：奉使重還八月槎

子為父子臣

十七日甲子 晴 午刻微雨 未點 聞每年四甲子皆不宜雨

禹言夕過我 論及荀子每以暗羅對言 狂羅即名賢之經 歸去藝文類聚三冊 改述雲文

十八日乙丑 閱邠郡兩部

改述雲煙年兩集文 蘭丈過我 閱淮南子 晚到店請父親安 晤三兄論文 三兄携去

養晦堂詩 丹徒李慎傳著植庵集

十九日丙寅

改穀人文三首 母舅假閱曾文正公年譜二冊 晚刻興信來述外祖母病增劇 母舅即擬偕

回真 讀史記楚世家

二十日丁卯　閱十六報

看養晦集　讀史記越王句踐世家，附陶朱公仲男殺人事，實見此甚而言　讀白香山詩

湘鄉鍾近衡字吉洲，為羅忠節公講學弟子，咸豐四年殉節于羊樓司，劉霞仙為之墓表

曾公年譜載公初生時，其曾祖竟希公夢巨蟒遶庭之段時，紅光燭天，江上西縣令趙蒂署君枝大弟見天際之圖未出鏡者，並候即隱沒　楊楚文邑遇戕　晚看蓋平師勸学瑣言，其法經詳史，按縣分門，乃半功倍，法良意美，惜畢拓車三載，未獲觀成，傳之者實以本川，不特一時傳觀，抑亦千秋盛業也

二十一日戊辰　風，午刻鳴雷，急雨一陣

讀史記鄭趙兩世家，武靈王胡服騎射，卒能滅取代北，固是一豪傑之士　讀蘊山文稿三集，多自

立齋解說補傳注所未及　吉齋由鎮回過訪之見前日代請之清頌圭峰二碑

晚閱真州兩生詩　攜王蘭泉金石萃編云圭峰碑未載又施碑石云云與本文複糅為誤本

重刻出楷法遒媚直偏卒更甚精神固不少損也　看隋經籍志攷證惜僅之史部耳

母舅信來述外祖母墓近兩日積水出夜來寬之將睡為之慮也

二十二日己巳晴　閱十二、三、四三報

寫楷半開　近來言官恐所參劾或往往訐及房員而為之之者轉可不之忌　閱左傳揚干亂行而魏

絳戮其僕此事為不可今非　讀史記韓魏田敬仲之世家　閱北平集讀隋經籍志攷證

二十三日庚午　閱十五、六、七三報　補前月廿七、八兩報

讀史記伯夷至仲尼弟子諸傳習業射暮論語侯不以其死句此字誤屬下讀　寫致之兄信

晚讀馮務堂先生測海集七言及淮揚水利圖說　過飲蘭所　席間閱國朝文錄及古文詞類纂

司馬穰苴孫武吳起諸傳皆以兵人兵法爲主　置老子於列傳歸孔子於世家　此班氏譏史記先黃老而後六經尤確論也　仲弓德行子游文學皆是孔子以爲字則論語德行一節實合上從我於陳蔡者皆爲夫子之言

疏濬近海各口非獨東臺一邑之利實淮揚全局之利

二十四日辛未　十八日報述本月初一日午刻日暈周見白色一圈

讀仲尼弟子列傳　觀淺拓碑　午後與三兄同過甫臣論學　惟期其有用而已不急之考據金語之詞章一槩屏去爲是　諸子倡語設論荀墨書者即今日之佛老也此說未免太過　子夏之序詩傳易又孔子以春秋屬商又傳禮著在禮志而史記不載亦其疏也

寫與信問外祖母之恙

二十五日壬申

讀史記商君列傳 商君變法與趙武靈王論變胡服騎射大義畧同 飲老補小集宴

米浣孫畫馬 近沈中丞列入貢品 飲老霖得其一 亦寶貴矣 晚閱讀書分年日程分寫

功課格目 記即所謂填空眼之傳也 作冊之安海黃先生 呈輯司馬傳撰之義一觀俱存於師許

陳白老還來三之手錄曲校簿書六冊

二十六日癸酉 晚飯後東風樹東邊之茅屋失慎 焚去廿餘家

寫楷半開 讀史記蘇秦張儀樗里子甘茂列傳 史魚以尸進諫 張蘇秦以尸行詐 晚看曾文正左文襄

四日改郭意誠先生手札 遊雁之代飛之候 鴐鵞少 獨宿 時甚錢讓云不可當云 可為曾公許矣

二十七日甲戌

天曉時一夢，纔覺息念決從其聲，疑從厥聲，外亦從月聲，此兩部之音字其相通之證，頗之蔡

雨甚　平原君負羈云可以荀子負服矢之文　孟嘗君傳雞趨而雞為趨而雞之誤

讀史記四公子傳，信陵當為第一，焉之之過我　看方望溪集尚書周官儀記書經

劉敬增亂

二十八日乙亥　晚飯後雷雨

陽之觀風長友題阮庵長句，本日加寄　不知誰是謫仙才，小友題之癖之成，作者遠聞佳士振以詩

晚訓第十一卷，由飲老處去　閱司馬法考徵　晚回外祖母處，日仙遊之信

二十九日丙子　戌正大雨

早寫興化院函，并代撰挽聯　過飲老同至粮食君，知師之兄弟先之光時作與其起講作法

三十日丁丑　清明　閏十九廿三諸

左山先生令母八十壽　畢往祝　午後歸青立館老家晚飯　擬挽外祖母聯云　辰屬記稱觴日期

兩度菊花存恨　已經五番宴　下年期康華誕　許今秋彤管豐碑尚待外孫題　又聞默挽云

孤苦歷十年　不受春秋為氣　清明家達七日　回憶風雨淒涼

三月建戊辰　十五日穀雨

初一日戊寅　巳正日食未初復圓　閱廿三日報　夜雨

吉齋往書回　張廉卿四十生日　閱黃氏司馬法攷徵其法文之近於兵法者若干之　米柳門來述

前日文　鄉試一等第一方補慶

初二日己卯

改吉生文　看蓉晦雲集其論說甚剛尤為懇至世家子弟宜書之以當座名

初三日庚辰　閱廿五日報　校改吉生特課題　天氣頗寒　李服來戚務麥冷

和師飲老浩宙崇兄同修禊於襄荷精舍　禹言過我論文

初四日辛巳

樂歲終身飽，終身二字係指父母妻子。改乙生文畢。閱史記李廣傳。

初五日壬午

乘舟往興，東南風，巳正開行，酉初即到。請母親安，述及外祖母易簀之際，神明不衰，諄諄以勤儉二字為戒。徐某挽外祖母聯云：聽天上笙歌，爭迎慈母；恨人間閨閫，頓失宗師。

初六日癸未　雨

母嘗躬借居南溪賈郭菱樹崎，登覽以遣日，多佳。

初七日甲申　晴

外祖母二七，來客共十位。下午偷閒與汪雲逵登拱極臺。臺為道光年間知縣余文年重修。拱極聯云：常倚慶雲瞻北極，每因煙雨憶西湖。余浙人，故云。又云：六七月全無暑氣，二三更後足漁歌。

初八日乙酉 夜夢閩遊子回詩三首 一節 家物無復多 三題示之矣

登觀音閣佛像 傑丈六金身 集方丈 評覽三共化成行贈獻一付 寫拱慕美

初九日丙戌

乘席舟同東 晚泊黃巖柏林 月光皎然 看毛詩錄三册 一顧桔槔聲鶴 日漸向甚朗

初十日丁亥

飯後到家 大伯父書房 到房請父親安 請談 三兄晚至共論近績

十一日戊子 雨

往丁家市 寫清墳碑 讀蘊山文有子曰其為人也孝弟一章 君子當指已往者而言

閱三經集字 晚看汪溪文集議序兩類 古文約選序一篇 又論選文之例頗嚴

十一日己丑晴 閱邸抄本月初一日

讀斗溪文集序跋類 到店請父親安 遇餞蘭未遇

十二日庚寅

寫楷百字 讀史記范雎蔡澤樂毅廉頗藺相如列傳 間廉頗者郭開也間李牧者亦開小人

情性始終不改 改先生試帖十一首 晚讀曾子年譜 由恆豐典寄去伯贊書四冊等

紫鎮第一

十四日辛卯 閱初二三四五六七等日報 微雨鳴雷

讀史記田單列傳 改俞先生試帖十首 閱曾子年譜及斗溪文集讀子史諸篇 史記八書皆

完書宜禮引荀子樂記皆褚先生為之

魯仲列傳兵哭以真開楚
在東胡之佚思之舞陽君客
之知也　二月廿日補記

十五日壬辰　晴　轉涼

讀史記魯鄒屈賈列傳（淮南王為離騷傳）太史公屈原傳大半取之。庚子日施，施，斜也。孟子施從良人之所之，臣目之夭之恙。屈賈傳贊轉折无物／　乃言過我。　晚讀西漢文集書類其5　某古論語可一篇實洞明利害之言。班固不足為古文大二家。　讀曾公詩

十六日癸巳　大雨

甄别叢出王介甫第一，子瞻第三，歐老第六。　九侯一作鬼侯，牧贊逼遁用。　魯仲連傳使其子女讒妾為諸侯妃姬，讒妾二字本作此，蓋門生者讒之妾耶？牧為讒妾二字之誤。　讀史記呂不韋刺客列傳，因太子遣自往而不及者，坐子也。坐子係荊卿自所求而待之，指秦之舞陽也。評林本誤以為指之舞陽，誤矣。又舞陽係將門之子，記曾於別書見之，今不之矣。忠之以俟他日尋檢。　改戴生文一首

十七日甲申雨

讀柔溪文集　孫正元傳二十七首　往歲之卯見孫師問會試題達巷黨人曰大哉孔子　道不遠人之末

懸達道不遠處之地　改戴生文一首　誦香山詩

十八日乙酉　閱初八九兩報

讀史記蒙恬張耳陳餘列傳　蒙氏臨卒自明其罪與白起相同　飯後往之省書院令卷印

食午飯時蘭花盛開香溢一室　賓業堂對抬化塵之節　閱柔溪集登記事數首

又閱杖考故　一題焉較出第六本事傳安孫師前日課作偈之元未覺及之可圈諧也

改題辛述雲文各一首

十九日丙戌晴

閱斗溪家訓差則　寫楷半開　讀史記魏豹彭越黥布淮陰侯列傳　張誠齋詩曰少年
跨下安無忤。老去壇邊悔不平。人物若非觀歲暮。淮陰何必減文成。　又讀韓王信盧綰列
傳　改述古文一首　閱遯窟讕言

二十九日丁酉雨

山長課子路率爾三節　以正則筆之以字孫師光成日厭早　姑母連日感秋身熱延仲先生診未愈

晚為課卷謄畢

三十日戊戌晴　閱邸抄十一十二十三諸報　臺灣省會改建於臺北

早過穎之論文　邀黃仲文為姑母診云是風溫　寫楷半開　讀史記樊滕酈灌列傳

聞三兄恙　到居經文親安

二十一日己丑 陰雨

孫母服昨方稍愈 仍服仲文方 讀史記張丞相傳 午後隨知師過子青處 訂子青爲知師畫竹箑一枚

聞三兄恙未愈 魁官求庇 適楊姊八月到 服藥一帖 寄楊李兩 寄三兄信

二十二日庚寅 閱四兄之報 雨 他日君出

孫母服昨方 十愈八九 趙退減 胃口漸開 仍延仲文診 寄楊李兩 讀史記傳靳蒯成侯

叔孫通傳 贊下以名園見 叔孫通傳 著佛生之論 又讀先生常言曰叔孫生誠聖人也 虞制皆出意外 又讀

季布欒布袁盎晁錯張釋之馮唐列傳 王生老人 數四字之誤 釋之傳時以失之二字作一句

午後坐舟往視三兄恙 到后請父親安 閱顏氏家訓

二十三日辛卯 晴

讀史記扁鵲倉公列傳 人之所病，病疾多；醫之所病，病道少 斯言良然 過杏公段借四書隨

見錄九冊 是書爲江西某所輯 制藝題義搜羅備盡 會而通之 何嘗非學問助耶 [illegible]

晚設馮生文一首 閱竹汀居士年譜 居士甫晬 能言 家人指壁間之字識之 百試不誤 先甲甘君强

不識香山云 壺公隣舍銀杏一株 綠葉扶疏 已含夏氣 驟雨聞義氣象宏闊 據朱注

云揚州會館中諸君文皆不及也 讀竹汀年譜 因撫一聯以志仰慕云 一齡識字 由居易四品休

官 邴曼容皆於年譜所序言之 古人以周正推增年 孔子生於襄廿一年 至哀十六年 實七十

四耳 賈逵云年七十三 絳縣人生於文公十一年 至襄三十年 當爲七十四年 而傳稱七十三 皆是也 養新錄

二十五日壬辰 宗閱十七六 兩語

興化公家告期來 四月初七開弔 讀史記魏其武安列傳 看四書隨見錄一本 孔子弟子名籍

案類證類即鼻魚、語言通字類萃聲
通鼻陷作鼻影列類
語乃自然也矣

讀高見曰晏子春秋及孔叢子詰墨之篇曾閱此未由得悉而外又一孝子也　檀弓載門人問子思曰子之先君子喪

出母乎無非禮夫子之於施氏也言如記伯魚之於孔氏言也　晚過三兄所禹言適亦共論竟夕　等問當

從斂行慎言語8　改祖丁吉文　三兄以歸久不至殊深懸念

二十六日癸未雨　浙西朱氏增訂彙刻書目

讀史記李將軍列傳　閱四書隨見錄太師摯適齊一節確為殷之樂工

二十七日甲申辰。

父親往興東南風舟行極順　讀史記匈奴傳貽古封從今所記有一之二　閱四書隨見錄

改祖義文三首

二十八日乙酉

種李家弟　和鄭穎宅學兄小集於萊蕪縣令即邀予書老堂鮮魚晚後歸於予八角家

詣聖廟瞻仰廟庭諸賢在次　題山谷奧秀千白十臆卯了四首甚佳錄寄

陳蕃故宅是何如一室還未了掃除尚有閒錢先種竹更無長物儘堆書地爐火暖霜寒夜正東帘

晴烘日暖初生火便在穿木榻來須重說予重居

打頭不礙膝堪容件件真如未得春一任人猜畫屋內四兩便我忘俗鋪牆排燈慈母育孝伴真居

妻曉易供莫道閑門庭事少韭菘時後累肩顆

畢竟風流我輩真不緣雅狹未傷人須拿頭集已三體奉壁上請余一要人睡起新冰生盥面客來

殘羹在杯唇唉他隱仙面敢言錦袖縱橫研子新

斬寒待過舊還憐把溫硯吟難著天到手已敢雞肋味且以今宵馬蹄偏嘗單自西鳩原拙倉之子

人境廬寄山人黄遵憲燈前分事或將著述待他年

二十九日丙申　午　閱九二十報

接三兄廿四日手書　知四月初六日回京　顏生又寄詩來六首　讀史記平津侯主父列傳

三兄過我　沐浴　周子喬兩三川刻三國志係仿殿本　收路年文一首

四月建己巳

初一日丁未 立夏 閱廿日報

讀史記南越尉佗東越列傳 南越武王與西楚霸王名號頗復相類 父親由興回 二兄寄到吳

讀廣文集 薛星使日記 洪經畧筆記三種

初二日戊申 閱廿三兩報

縣課題 大言誠於中形於外故君子必慎其獨也 四月南風大麥黃 得黃字 雅寓一卷

初三日己酉

過飲老協文 改作我生有之君一首 過子秀老所 讀滄溟文集

初四日庚戌

早李家舉柩往隆引　午刻偕舅弟坐舟往興南風來帆多泊大梁北平橋指正有

閱洪經畧筆記一冊又薛星使日記一冊

初五日辛亥至十五日辛酉皆在興化未能讀書

十六日重遊拱極臺細視基址知當日實為城闕未詳何時去閑也　閱薛星使日記畢

又至南門游學宮興化聖廟剏於宋范文正公迄　國朝道光年已經五修矣

撰文附永字八法二圖　獲舅氏端研一方細滑可愛

永字八法

點為側平（橫）為勒直為努鉤為趯仰橫為策長撇為掠短撇為啄捺為磔

十八日甲子

辰刻由興化奉母回東，未刻到家。二兄於十五日先已到家，相見喜極。晚刻三兄亦由郡回，適

屏臣到，偕往文親安。

十九日乙丑　補看英五六七八九諸報。

到塾。讀史記朝鮮、西南夷、司馬相如列傳。詩大傳之詩，詩字作敘詠解。相如傳是史公筆，史通以

為自敘，似誤。閱吾名家手札，重札皆係與湖州陸存齋者。陸刻之十萬卷樓叢書。慶續疑年錄

古墉錄其大名而又核手札第載其字也。名以源　杏慶過我，送來五茸話子看，畫扇一柄。

晚看戒兄道寬集。

二十日丙寅　補閱初一二三四五六諸報。翰詹大考，文雲閣第一，會揚王英兌覆集。

看合肥相國壽言全集。四裔人傳相司馬，大年吾見老猶龍。香濤制府手筆，固自不凡。

聖人不諱求名 論語稱君子疾沒世而名不稱 又云君子去仁惡乎成名 孝經言揚名顯以顯父母者是也

晚在褒蔭精舍与孙師同拓蘭丈為言洪秋蕃臣月之家塾之學如先公頗寄兄今日士庶 之六書考拓

昨晚北征 讀史記淮南衡山循吏儒林酷吏列傳 函谷縣也處淮南傳文安觀津人文帝同

閱書局印廿四史計三百九十二冊 求表弟李題目載初五日報蘇欽使請開海禁疏書後古議回見之。

二十一日丁卯 日申報

游俠列傳雲嘉索寄稿井廣伊尹負於鼎俎索文負字當如勝負之負說四人每言伊尹負鼎似誤

讀史記游俠滑稽貨殖列傳 漢書地理志間取貨殖傳 序臣招飲 閱沈道寬文集

二十二日戊辰

讀史記畢 以極封訂十本歸禹言 蘭丈招飲 見潘養一文集李杰伯詩集

史記廿二本紀十表八書三十世家七十列傳共百卅卷由去年十月六日圈點至今日卒業為時四閱

月又寄現所批讀一過蓋此書實吾學之祖嘗以爛熟為度未可須臾或廢者矣

二十三日己巳　閱報至十七日

平臣過我鳴譚考古法世修年以及人為文不離古之者乃仍假去張猛龍碑又清嘉集一冊

法生使中俄交界圖　晚看夢言一冊　玉岑宗師與畢星海同年贈之南菁藏書一部

讀左文襄奏議二篇　夜看古文亦以曾文正為師而謂曾亦仍力則不外史漢莊韓四家

二十四日庚午

讀韓文及蘇出時文　晚閱望溪集庸閒齋筆記海昌陳其元子莊著

蓮寫米冰糖三分先一日燉起至次日清晨作之前一小時服加生薑三片濃之次服薑汁服

倘胃不能納，即止啜其湯亦可。一劑不愈，則再進二劑，未有不愈者矣。推之久瘧尤宜。庸閒齋筆記

二十五 辛未

閱庸閒齋筆記一冊。過三兄所午飯。下午與二兄、三兄同過厚臣，觀其近年所收各種圖書，題其中織系累圖及輿地叢抄等。花宜世代手相國撰星麓北述異序，筆意古厚。

二十六日 壬申 閱十八九兩報

讀漢書谷永傳。閱庸閒齋筆記：陳氏安瀾園中梅花大者，夭矯數圍，參天蔽日。袁簡齋先生題詩一絕云：百畝池塘十畝花，擎天老樹綠槎枒。調羹梅亦如松古，想見三朝宰相家。改述雲文三首

二十七日 癸酉

昨日閱沈道寬集二冊 昨師閱庸閒筆記二冊 閱姜溪文集墓志類 讀揚雄傳

二十八日甲戌 微雨 閱小兒兩報

昨晨閱李仲璇碑及梨花詩 左公請立船政局李公請減蘇松浮糧兩疏皆絕大文字

載在庸閒筆記中 讀書人惟這重衙門所以吳特出入做官當先籌錢此要在此之作為某

司鋒門聯也 改作先生起講及揣此數首

二十九日乙亥 雨

看東塾集一冊其科場議三首推廣拔貢議一首講書議及離經辨志齋記一首皆

經 今世切要之言 不讀書者不足言要讀為讀書者則又涉獵零雜今日讀詩明日讀禮甚至

必不成今日讀此書明日讀他書甚至亦必不成然特不成而已涉獵零雜則性情浮躁甚至

東亭書屋

者之大聲也古文教天下之大聲也以左氏教之自漢以來傳者必本源一書本源一書必始於
辛酉
乃已有取法者也文　韓詩外傳曰好一則博　四部書皆以子也當以經為
主　改作色生試帖八首　席上改經史百家雜鈔
三十日丙子　晴
看東塾集　阿師述殿試信張季直第一吳竹慶第四鼎甲傳臚江蘇得其二人可云盛
事　改俞生文一首　過席上談阿東塾讀書記　至三点晚飯　坐足阿師白石文席上崇文

五月小建庚午 初三日芒種 十八日夏至

初一日丁丑 閱四月廿二兩報

看東塾集內徒柳賓叔穀梁大義述序有採用蘭甫說者 改作戴生文而首

白石先生借堂兄夕函與二兄繼理論書理

初二日戊寅 閱廿四日報 京師於四月初五日隕石

二兄指白文作畫流連一日見黃羽筆佔據白文述其人胸中足羨百者書 將一則博吹萬不同

屯暇他日擬請白文書之

初三日己卯 閱廿六兩報

看三才略東塾集 為高遇叔殷廣閒筆記一卷

初四日庚辰　閏廿四報

看左文襄奏稿續編兩冊初編是在浙閩時，續編是往陝甘時　過白石丈，丈云：莊子之言與易理通，逍遙游其以六月息，謂由子半至巳，陽之氣充塞已極；又冥靈者即幽魂也，故以五百歲為春秋；又窮髮之北乃午中六之辯也。一段祇是注文羼入者。又彼於致福者未數數然也，福是福字之誤。孟子云必有事焉而勿正，正乃福字之誤。雲正莊子則必去其福以為正。齊物論云：莫若以明，某云儒即不然之說致福之義。以上數則鈎稽摘證，據此足徵老輩讀書不輕放過，暇日仍當再往求教。

初五日辛巳

看東塾讀書記一冊，其論易云：王輔嗣注未可厚非，注語精慎無頗，乃費氏家法也。甯謂其罪深於桀紂，斯過矣。惠定宇以箕子為亥子，力主荄滋之說，不免與費氏相背。其論書云

蔡仲默集傳六卷知古文之僞處與閻氏疏證略合尤多閻氏采而不引何也篇首序以明者之

不可其論詩云西漢經學存於今者惟毛傳爲最服思其護衛之也皆韓魯詩人用韻同以

字代之意思之處之即是詩人本意 大序是子夏作小序是子夏毛公合作

初六日壬午 雨

寫黃史樓後 看莊子逍遥游齊物論兩篇

初七日癸未

看東塾讀書記録其精要者若干條 山東夏五攜來魏碑及雜帖來

初八日甲申 閱廿六九兩報

跋顧生文二首 又看讀書記 盧楚來留晚飯孟直廉泉共談甚多

初九日乙丑　閱卅四冊報

批閱殺生文四首

初十日丙戌　驟熱　晚欲雨不雨

雨師命至袁蕃精舍午飯　坐有白石覺臣蘭光字兄　雨師內出所集聯句云云竟日淹留傷裳

坐以人不越境園情白宕書之　惹怪者也即知大者也　白文為五六弟書扇詩六首錄後

當代揚雄以氣高口傳天語下雲霄十年旅食長安米一日趨庭晝錦袍風化遠

宣德子國星輕速渡渤江湖待、不必歌靡塩堂上羅君永二毛　閣梁玉繩瞽記

王引之春秋名字解詁　下午借二兄過子青所

十一日丁亥　雨　向夕至夜未止

閱名字解詁下以篇 公孫宿字成 太宰嚭字子餘 曾參字子輿 諸解似可采 安吉許俞正補正胥及之

至 讀莊子養生主大宗師兩篇 呂洋敢一翼購張遷孔宙乙瑛孔君人四碑 孔宙借其碑陰

陳澧說論語巧言令色是孔子引古書以解仁字

十二月戊子 閱初二三兩報

看東塾記 讀莊子外物以下三篇 天倪有倪倪皆然字通段暇〻禹言禹言以為然賀〻白文白文昭

不然〻兩經然〻 禹言飲老夕至印西林寺飲述康州科試事

十二月己丑

禹言約茗陵坐〻孫師白文飲老及韵崇兩兄

十四日庚寅 夜雨

閱禹言湖南閨墨一冊　閱金鶴禮從　飲老招往觀白石手書兩丈畫

十三日辛卯　雨

閱王氏引之經義述聞　詩北山篇或盡瘁事國　左昭七年傳引作憔悴　憔即盡也　盡瘁二字平列　曰悴訓憂　出師表鞠躬盡瘁四字皆駢語　鞠躬義見劉氏寶楠論語正義

王氏俊生尚書廿九篇考　羅氏桂礁正破大誓　閱俞氏名字解詁補正　余前日所購於府本六年盈及公子羨斯諸條俞氏及之　俞另是説但舉一條似略者

十三日壬辰

縣課題子華使於齊兩字倍卅彈山甘蕉草二卷　毋舅挈伯聲西興玉伯聲有鈔余

按鐵路一首雲擅句云　流肯美人寬

十七日癸巳

早膳昨菜三兄過西爲予接試帖一首即同過飲老 又有故師詩故言曰云雷暗風雨大動節雪夕初寒 閏日記秋

十八日甲午 上燈後大雨不注

白石丈招過裏許精舍午宴爲余壽[redacted] 放學一日 晚過虎臣師小蘭

十九日乙未 雨

白石丈過我疏証莊子疑誤十數事 吾業未欲清之人能瀚尤妙 讀班孟堅西都

張平子兩京平子雖有孟堅風度而一種璀瑋貴穆之氣象自不爲所掩

晚讀莊子外篇 風雨陰陽大和會郡國守相長壽年

二十日丙申

山長課題舜人也可憂〻如何 草一卷 印成飲老一册 家伯八角以新科鄉會墨見贈 不足觀去

黄山谷大字一册 馮晉翁篆本印寄翁之

廿一日丁酉 閱初十、十一、十二、十三、十四、十五諸報 王葉覓初日康君處書去 携蔚霞信來 皆初日報

讀左思三都賦 改改年文 蔚當[redacted]還李洋西域圖考 林之老姪今日仲白携十是

本鄉墨一部 父親寄家

廿二日戊戌 閱十六日報

到上河祝書農先生壽 讀文選郊祀田獵賦 晚過白石先生假手陳仲生遺集 朱昊之君為序

及墓表古雅渾厚 當代罕見

廿三日己亥

疏述可以下年文共五首 讀文選哀祭誄類 閱陳伯生詩王儀云葛文莊六字甚足味

廿四日庚子

閱左侍子虔相鄰本末 唐臣過我云擬通選皇朝大文分奏疏論議碑銘志狀類相託

詔諭類典制類紀事類 屬文述近人刻本遍寄紀子本末上海新印

廿五日辛丑 閱十七八九三報 爲釋亂耗聞已漸平

閱秦穆公創霸內淩藏兵及本秋吳三本末 錄陳蘭甫里小說長白山考 閱俞云

樊盛地論 華湛恩天下形勢考 諸葛墨廣西都邑考 姚文棟東北邊防論

讀莊子達生以下三篇

廿六日壬寅 雨 閱日廿兩報

錄陳澧月令說 讀莊子畢 莊子以結於列禦寇篇天下一首特為後論

穎瀾白石過我

廿七日癸卯 陰雨

閱齊桓創霸本末 此書以名爭至以表趙鞅帥兵名之論者中四時劉橋 讀子虛上林

莊子說劍篇論以刑法子記史記侍劍論兵

廿八日甲辰

閱王胡承香及宋衛兩青本末 讀宋玉景差諸文 閱管子莊子

二十九日乙巳 甚熱

閩史記四夫子傳閩管子海王之地謂之扁夏今去其徽處豈不謂教而民反之之病以也

閩文達禪據詩

秋色三山兩江流，六代燈，偶禪孫梵剎，回過酒慶前，花月唐天寶，風流寺

誦偈，漂閩同一瞬，世界二千年。

六月小建辛未　初五小暑　二十日大暑　十五日初伏　二十五日中伏

初一日丙午　熱

讀史記孟子荀卿列傳　閱管子輕重乙篇　下午寫追白石文論莊子稻不熟〻不熟似即稻穀非為新穀之傳也云云

嚇　許嫁反　音夏　吾鄉語相喝人為嚇　喝人當即此字

初二日丁未　熱

閱管子宙合樞言篇　凡國之〻制民制人者民為人所制者民不能制人〻亦不能制者

初三日戊申　熱已百分　閱廿三四兩報

畢追〻兄追寫師白先生生辰宮雙全詩小聚　皆君言兄下午即寫追〻兄若君語

初四日己酉　仍熱　雨刻　雷雨積〻轉涼　閱廿六日報　扇去第五

讀莊子天地秋水等篇　讀史記白起王翦范雎諸傳　結實儁絕絕雄似匡鼎

破張祿行徑而仍為補過耳

初五日庚戌　補看廿五日報　高熱未已

改作昨年課文兩首　過白石文未遇　不必穿揩脩指指知精也必作楷解也作郛縣

初六日辛亥　閱廿七八九三報　又執一

看管子八觀法禁重令法法兵法大匡中匡小匡諸篇　又諫官名稱　詩是用大諫　即

斥諫官而言　施伯曰管仲大器也　據此則孔子器小之論是對魯人而言

初七日壬子　閱初一日報　熱雨

看管子全書畢　王氏雜誌訂紕精精之極　俞氏平議亦精　歷歷可見

初八日癸丑 熱甚 又至百分

崇兄招至其寓之精舍茗話 孫師曾牌 藉以忘暑

初九日甲寅 熱

宮扇三柄 蘭生過我 云現續黄岡年表 明年先省題目鈔去

初十日乙卯 熱 夜間睡至一點鐘醒後 仍不甚涼之氣

三兄來至門過午 師 讀公羊子弟子破息 仍指穀梁爲共新火傳也 其解以爲皆指不

至之不能之說 以拜家相繼 讀晏子春秋 孫氏之前序義來老精核 黃氏校勘記錄王有

諸家甚善 初十日丙辰 熱 日落時黑雲從西北起 雷聲隱隱 北風轉涼 夜分大雨

十一日丙辰 看初十日報 又兩三日報

看晏子春秋全書畢 晏子入儒家与孟荀並列 又閱呂氏春秋一冊

夕看隋書經籍志

十二日丁巳

尊經書院課藝廿卷 謝緒章文筆氣頗在王姚虞之上 閱呂氏春秋四冊

丹若新磨石研 民說墨子平津書之證明莊子遺蘊根殺而以證明管子甚之大書

紀通讀全書及曾序 元書不能精之論也

十三日戊午 熱

讀呂氏春秋畢 審時篇上不下 而后來乃能子證者書一上下以求前是之文 篇注不誤 俞氏

推莊子強求為和 不知莊子之本作禾 傳寫者不知之改也

十四日己未　甚暖，陰。

偕二兄過子齋老所，見其所畫伯永相馬幛子。　復讀莊子。

十五日庚申　閱和仁王兩報。

飲老早得茗談，兩師之三兄來坐。　閱書賓谷時文，長才長筆去周犍山之上。　復讀莊子。

十六日辛酉　下午急雨一陣，轉涼。

讀北史儒林傳序。　經義叢鈔中后從論經義，實剛甚之善。

十七日壬戌　戌刻大雨。

段飲老纂五經彙解首冊一閱。據朱序謂摭經之家主人本稽摩經彙，存其大旨十分經

甄錄先列經文，為經者所取，國朝諸老之說，都一百四十一家，所書二百八十又種，最粹排比件

繁其不以為肆同淺快浩歎若取其從否印都一千萬言約為二百七十卷 俞曲園謂思之之邦

之思受請辭也思之居稷思年譜中之之等 錄俞變蓋地論 改作色生試帖

十八日癸亥 晴 復暖

書院甄別官課特等 齋課超等 官課特等中有吳錫麒者 以本秋書作立論

甚精警 不該為人所擬 閱古直通錄 改作何詹文一首 晚飯後偕之先

過獨茶館話 陸來 漢儒通義 陳志之道圖說 切韻考 夏粹卿學問精深 居陸諸答

一書 殆以紀日間為之者也

十九日甲子 閱初八九兩日報

讀漢儒通義一冊 其書蓋以宋儒議漢儒明訓詁不通義理而作 所錄都二十二家

漢儒之言名宋儒之理者觀此可以釋門戶之見矣

二十日乙丑 陰 閱邸抄十一十二十三報

讀漢儒通義畢 其專采經說白虎通之例也題某家之說近思錄之例也每一類中各條

次第以義相屬則初學記之例也 改作白[illegible]文一首

二十一日丙寅 晴暖 閱十三四報

閱毛詩禮徵

二十二日丁卯 熱不可當

書院課題 子曰知之者不如好之者一節 綠槐高處一蟬吟得吟字 青溪過我

二十三日戊辰 尤熱

祖考成秋公周忌　在西宅恭行奉祀　孫師禹言兄均至　晚設筵　禹言昨文以為四科諸賢

叢三論語註非雜也一篇備載四科諸賢而於顏子獨詳及子路、求三段之言　劉知之

者一一實歸重顏子　禹言此文可補注疏所不及

二十四日己巳　熱極　午後雷聲隆隆、大風陡起　好雨都被催吹去　黑雲過境息

點一陣而已　看十三四兩報

閱經解續編之經重訂　三先積受易著　阻段陳之書　積間日一卷

二十五日庚午　午刻忽下大雨　向夕未止　煩亂

閱經解續編震池之功　理董之力　非伯詩肩是類

二十六日辛未　雨　看十六七兩報

閱陳喬樅禮堂經說鄭珍巢經巢經說外丙二年仲壬四年追乙定論鄭珍以春秋外傳大戴

禮言殷為下至三十餘世而周受之證之乃知不有外丙仲壬則商止廿九王矣

讀儀禮月令三讓曰示節曰繪圖曰釋例 蔡雨方字云論語文莫字為墮聲躬行屬讀字證

以中庸學道四某未能一焉所不足不敢不勉盖知此一節非文引并論域業蕆說良然論語

能誠者猶人也吾字上是莫字則此莫字斷屬上讀

二十七日壬申 雨 看六月報

邀仲文為二兄復診 蘭丈招午飯 坐有孫師館老虎臣崇如 閱經傳釋詞

二十八日癸酉

崇長課題 太宰問於子貢曰二節 衆仙同日咏霓裳衣 二兄瘧勢甚劇

二十九日甲子戌　閱二十一二十二二十三二十四報　中日戰事將成

兩日腹瀉，支倦乏力，与三兄强往姜家弔。午前假寐片时，神氣少振。檢閱涵生文

七月大建壬申　初七立秋　廿三處暑　十六末伏

初一日乙亥

讀陳蘭甫朱子遺論　二兄服竹茹方病尚未已　寬臣枉飲述二十七日報記日高已開

仕聃次高王被虜稱京已失

初二日丙子

仍邀竹丈為二兄診　以當溫清暑為治　閱韻學諸論

初三日丁丑

改作課文六首　批閱顧生文六首

初四日戊寅　閱申報

閱輿地叢鈔內閩地異名略鼻思千印部半思千 晝黃仲文來為二兄診 仍以前法

為伯加註瓊花小譜附 夜聞有人緣墻升屋適為家奴所見驚而逸去

初五日己卯 閱廿五六兩報

叔師〻乾初〻去往贛 希臣過我述近日時務 作一緘達汪雲兄

初六日庚辰 雨

遣僕送還前假電臣諸書 多勝寄西域三種五史精華八冊 閱周官綱領 沐浴

初七日辛巳

仲文早來為二兄診 擬用厚朴今去之以半夏藿香茯苓湯法 與二兄同往蘭丈拙研電臣處

〻〻前午飯

初八日壬午

檢理書籍，以綠解眉伯傳書、遼史、撿青遺、通纂手記、飲冰常去上去

初九日癸未

初十日甲申 申東去吉閘行 十四日戊子 携眉薄算游莫愁湖

十五日己丑

進城至府縣學宴，覓汪寓不得，遂與孫師同寓東牌廣衛查姓宅內

偕游莫愁湖，孫師撰聯云：湖燕其栖，苏不語如讀，千古艷爭，入萬榛花觀

偕華六翔煙

十六日庚寅 十七日辛卯 寫吳字生壽家 先十三之子

二十日

鎮屬録科文題素以為絢今策問書院源始詩題蓄文翻古篆得音字

二十一日

發家書一緘由瑞錫文轉寄東嘉 餘老寓魚狀元街 以上為子文寓雲子巷

二十二日

由抵省以來天氣奇熱至今不或稍減

二十三日至二十八日天氣愈熱愈甚餘老來帖云頃者仍好

二十九日晚得雨轉涼

三十日連日困倦今夜發熱腹瀉服宋志八角方西利稍愈

八月建癸酉 小

初八日

首場坐平江府北段蘭字號孫師宗元皆坐平江府 未生来订三場对策之约

初九日

夫子之牆數仞 題 不得其門者或寡矣 故君子語大天下莫能載焉 有布縷之征至緩焉二

大明詩題繫辭海雲 三更時三文一詩草成

初十日

巳刻出場

十一日

二場坐東文場日字號三元仍平江府

十二日

題兼三才而兩之故六　我乃卜至又卜　如月之恒句　公會晉侯及吳子于黃池　王子之閑　士杜

拈一三更時成四藝　倦極遂寐

十三日

黎明時第五藝補成　午刻出場　飯後病矣往視之尚可完場

十四日

三場坐狀元新號體字號　隣舍生為太湖趙曾湘　其人氣味甚佳

十五日

弟一問儀礼宮室二問晋史藝文三問水經注四問晚出金志五問六朝人物場前適与孫
師名購得水經注一部今以漢地理志校之載於十事对九可笑頃來以餘四道易去事省
功倍兩得其利矣与三兄同移至孫師地字號内
十六日
与孫師三兄未刻同出場飯於平齋寬甚而出已二鼓矣
十七日雨
過飯蘭業已下船晚備小酌邀書農夫子而夫子忽病萬年兄邵叔費調
持
十八日雨十九日由金陵開行即夕風雨不能渡江游清涼山諸葛祠以遣悶

二十四日秋分

由鎮江渡江舟中無事因讀水經注作臥游

金陵諸葛祠楹聯

一戰定三分功在東南公瑾甫於成霸業二雄西鎬吳國居前號稱子瑜請合祔祠堂

臥龍躍馬終黃土老木寒雲滿故城

風景不殊名士曾抗衣帶水雲霄如在寓公為集草堂

駐馬此重經莫問渠下書燬碑臨碣斷闕臥龍如可作願為我前羽除伽族開

瀛清樓

崗部圖湖打只城在昔吳宮已未來滿葉黃鸝映啼日在此於今丞相有祠堂

九月大建甲戌

初一日甲戌

午刻到家，家人平安，與二兄暢述一切

初二日乙亥

往過各戚友，帝臣間往通州

初三日丙子

禹言先我三日到東，今早來約小廔茶話，遇陳白丈

初四日丁丑

蘭丈招飲

初五日戊寅

伯臣函索闈稿作一箋又來使索去 讀史記項羽本紀 晚至居陪外師白老閒話 始皇本紀厚招游學游俠侍厚招天下賢者

初六日己卯

閱日知錄集釋政事類 過飲瀾見其闈稿 讀高祖本紀

初七日庚辰

玩等慈寺碑 捷龕需言晚至 閱白居易詩 讀封禪書 沐浴

初八日辛巳

還伯臣書 過雲衢問陸壯盦子 楊恭甫寄來日記 至楷文許 過星南

初九日壬午

孫師白丈、飲老、家兩兄同在襄蒼精舍消遣一日 閱金石續編大吉昆弟六人白丈云有它搨他日當以相遺也 萬言來述又得一女

初十日癸未

早過萬言寺崇蔚談 閱水經注・羊里帝原皆得之矣惟羽桐未見

十一日甲申

祖妣四十周忌在西宅奉祀 初三日報有義州失守之言考義州係偏鴨渌江口

十二日乙酉

閱金石續編 蔚如前寄來一函略叙近況

十三日丙戌 閱初四五六三報

下晡吟翁同至俞館茗話 白石子香兩先生同心東道招飲即題其作畫

射鹿圖 夏日在寓前雜舍桐樹上指畫一吉字今視之不滅漢隸也

十四日丁亥

閱日知錄讀香山詩 改課文三首 臨等慈寺碑

十五日戊子

改課文三首 飲老鈞邊子秀老 白社會中曾聚首青雲路上又相逢

時人莫以天池中物尺水以拘見臥龍 子秀先生家梅花已開兩枝

十六日己丑

閱尤悔菴集其論語詩筆意新穎然是破碎　晚飯後與二兄五弟步

月　六弟箋來述王壽蘅接胡韶九兄捷音蓋山西初七日發榜云

十七日庚寅

閱西堂雜俎賸言秋波一轉制藝曾見賞於　世祖云

十八日辛卯

十九日壬辰

二十日癸巳

送二兄南行　閱朱原山房文詩

二十一日甲午

吴老人由归来矣　晚至霭青精舍吃螃蟹

廿一日乙未

阅日知录经义类　饮老假去儒林外史

廿二日丙申

雨　日自如皋回过我　述中外舆地图说集成与小方壶斋丛钞相仿

廿三日丁酉

雨　至纫芳精舍茶话　季老赐我石印及季直先生试策一本

阅省中昨日放榜　消息杳然　事不谐矣　孙师夕至云东台院科

廿四日戊戌

何三中了發汝知訊心屬言何字之者呂也 閱澹泉文稿

范仲林第二名下同之書士

二十六日己亥

過杏慶不值 与細帥飲 老散步至淨業精舍小坐 寫一幅箑遂二兄

二十七日庚子

改色生文二首 讀日知錄諸書類 夕看晉畧本紀至愍帝止晉之得天下矣

甚理解

二十八日辛丑

改伯聲文四首 閱日知錄性書類 夕改煩年文四首 述雲文一首

二十九日壬寅

王叟攜來張吉蘇負書恆山碑筆意遒渾當日曾文正忠襄昆弟楷法皆由此出

詠述雲文三首　閱江南新科闈墨文中有李王二字者文不入選雖在雜綴不閱也

三十日癸卯

過三兄論文　探陽張孫圖不知何人所藏其高麗侯碑其戳不識之所題之若柯過眼小印一方之石門頌一冊亦為柯經眼物也　看晉書帝紀

十月小建乙亥 初十日立冬 二十五日小雪

初一日甲辰

二哥信至云芸到鎮諸事照常 即作一箋答之 點後漢書光武紀據莊先彝讀本 覓目道來輿地圖說集成 詣白石先生析疑叢事

初二日乙巳

禹言病差過我 書院文題曰上下之所順也故君子有不戰詩題師克在和得和字 晚撰一篇

初三日丙午

曉過飲老 點光武紀畢 晚看晉略割據方鎮執政三表

初四日丁未　閱廿八日報

點後漢書明帝紀畢　飯老招飲　二兄禹言同過我論文晚飯偕行觀萬壽燈　禹言以陳思王碑易興和孔廟碑去

初五日戊申

點和帝章帝紀　閱輿地圖説　杏樓述歙甫比年積得漢碑百數十本

初六日己酉

點安帝紀　杏樓先生以北碑若干種見示　二兄寄來初三日手書述九連城失守之信並示我廣學會題目五道　竇固破呼衍王於天山賦　請以并出唯圖之功

初七日庚戌

閱游參日本新政考及朝鮮國閱閱日本學校章程其體操一條每日運動手足之

以振作其筋力原為養身而設即本是以練兵甚以至有合策也　晚看宋史朱子傳

初八日辛亥　閱初三報

點順帝紀　勝養穀識更錢　晚閱圖書集成中經義考脫去春秋論語諸類

初九日壬子　閱初五報

點沖質桓三帝紀　閱經義考

初十日癸丑　微雨旋霽

點靈帝紀　閱臧壽恭左傳古義　玩近思錄　閱陸桴亭思辨錄輯要

十一日甲寅

閱臧氏左傳古義　點獻帝紀畢　晚在西室會文　二先生子木濤報一帋

讀近思錄　閱陳亦峰詞話　言其以樹之峰所自為詩詞兩黃之峰狂士也　惜取矣

十二日乙卯

閱李氏左傳異文釋　點獻帝紀　寫一緘寄子蔚兄

十三日丙辰

點皇后紀　漏夢及天而唔之　可訂西園荀子禮園篇千識之誤　讀近思錄

十四日丁巳　閱初八九申報

輯左傳古字　點皇后紀　元蔚曹君十志記謝儼撰　點畢　證見沈約謝儼傳　今宋書

都之大小傳月也　禹言過我　述漢高功臣之兩絳灌

十五日戊午　閱初十二申報倭兵猛攻旅順。

跋高言嘉定錢進丹徒之字調敢遺書札單閱之其批丹徒有云張崇蘭古文尚書私議擇閣惠之戊悔庵文鈔張汪方之輸柳業宗沈文引經考異破段氏之拘補錢氏之闕二書皆奧奧精造使當彙集遺論即閱柳先生付閩史刊待張先生書未成惜哉

讀近思錄

十六日己未

書院文題過位正復其位鄭君謂過位之位即燕禮路門以內北面君揖之位與下復其位相應凌氏典故西數用之朱子謂過位為君之虛位復位為居位江氏圈發用之劉氏論語正義獨援據聘義謂此章自入公門以下皆言夫子為聘賓之儀節過位者過所聘國主君之位復位是復賓位

業劉說孔類為優，否則其言似不足者一語亦不雅，有插過君處住與過北面之位，斯時似皆是可
謂言也。若有之揖讓之禮，必至揖讓之義，且上言圓撰，下節言執圭之事，睽違矣，為一冊可起
高密新安門之旨，首肯。　母舅自興來
十五日庚申
早起，算卷一卷送至館處所。　點劉玄劉盆子王昌劉永列傳、君傳、移知府者何護膝
即上諱命者李曇卿也，往竹東觀記，現為錦以等似誤。　晚謁母舅
十六日辛酉
二兄寓南來滬，報兩帶并屬我撰廣學若子。　灘卷過，我述近擬仿陳六峰詞話論
作散體文話，此算卷果竟矣，為古文者必不可少之書。　點張步李憲彭寵盧芳傳

輯錄魏文所引右氏畢　若柯過眼漢魏兩碑今之竟得之四平生快事別有不完之北安

恒山祠碑一紙得之其上眉有順治元年李濤題云此碑的是明初搨本今又三百年矣

來詩原石存否也　據萃編所載缺文已多

十九日壬戌

點隗囂公孫述傳　閱李富孫春秋異文釋　過白石老閒業

二十日癸亥

藏書錢同与三先同是備薦一第十五房一第十七房　予書批尾之詩兩二字棄詩大

閱特閱叢殘之改駢邪　遂雜類例大小不如也　十七房是劉正叔即以素王擬墨者

點宗室四王三侯傳

廿一日甲子

杏翁過我攜示元次山碑　北岳恒山祠碑　重壯辰成諦審之王氏萃編所錄之字此拓皆完具舊題云明初打本不錯也獨惜奪其首段正文百四十餘字及張嘉貞題銜之半此本缺陰　過禹言不值

廿二日乙丑

點李通王常鄧晨來歙鄧禹寇恂馮異岑彭賈復列傳

廿三日丙寅

改色生文一首　段禹言點過荀子本閱之　寫元結碑

廿四日丁卯

改色生文三首　閱李秋異文箋、讀思辨錄

廿五日戊辰

讀左文襄奏稿一卷　點吳漢陳俊蓋延臧宮耿弇列傳　閱李秋異文箋釋

廿六日己巳

批閱伯循古文二首　讀思辨錄格致類

廿七日庚午

廿八日辛未　沐浴　三哥偕禹言過我，暢論竟晝

廿九日壬申

閱左侯奏稿三卷　讀思辨錄誠正類　傳聞劉淵亭軍門克復九連城、鳳凰城二處

十一月大

初一日癸酉 雨北風驟寒

讀文襄奏稿浙閩事畢 點耿國丕耿純各列傳 過飲老不值

初二日甲戌 夜又雨

書院課題子思子何莫學夫詩一章晚作一首 二兄至[illegible]二十六日申報紀九連城摩天嶺大

連得旅順諸戰捷音

初三日乙亥 雨

早謄昨卷屬述雲繳去 跋以年述雲文各二首 讀文襄奏稿一卷 剿捻

晚閱段氏周禮漢讀攷序 讀如讀若一類 讀為讀曰一類 當為又一類

初四日丙子

閱劉禮部左氏春秋考證。左氏春秋猶晏子春秋、呂氏春秋也。直稱春秋，太史公所據也，舊名也。冒曰春秋左氏傳，則東漢以後之以訛傳訛者矣。　改正課文六首　點朱祐以下至劉寬各列傳

初五日丁丑

揚子法言重黎篇其中於其澤南陵之澤南二字，五王氏和時已缺，宋刻精校猶為嘉林先生經眼之物矣。錢塘舊日常茶已脫去首葉第二行，計川澤股射澤五字，又末葉一行，計脫一字。然而已之實矣。　讀思辨錄修齊類、治平類，其記區田法甚詳，然究不宜於今。

初六日戊寅　閱廿九日報，知旅順失守之耗

錄何義門所撰書校語若干則（莊本似作何校本）　讀劉向說苑貴德篇餘青可證莊子天道篇餘

疏　晚寓寄三兄書

初七日己卯

父親壽辰詣宅叩祝　午後偕三兄過陳庵左庵語歷朝所記錢法書之錢法字印譜書食
貨志園法也園錢也　晚讀實通新書一過　地山扃塌印譜書二宿土富塌

初八日庚辰

錄帝紀內格語　晚閱馬總意林　二兄寄來初二三四日滬報并某侍讀學士寄來稿兩帋

初九日辛巳

閱意林服習似神仙莊列所說用去不經乃疑於神也　段庵老全書眼四卷一閱該說有範
四書居三四卷眼而不眼

初十日壬午

閱仁和孫志祖讀書脞錄論古文尚書家語孔叢子皆王肅偽造孔安國論語注亦偽書

改課文三首　閱老子一過　雷為輕根俞氏平議誤分句大制不割余以為制即折也莊子歲更刀折月更刀割折割一義大折不割亦猶上言不陪之居之居之類　讀左文襄奏稿一卷

十一日癸未　雨

閱經傳釋詞二十頁　讀賈誼書其說詩每多與毛公同蓋俱事荀卿故也

錄帝紀何校記畢

十二日甲申　仍陰

復讀賈誼書思為諸子經記諸子史記諸子小學記三書　錄呂后紀何校記

十三日乙酉

閱說苑一卷　錄萬言元荀子校語案列其成相篇有南亭先生訂正兩條 實前賢所未發　申鄦記桌侍御奏請直省書局名書皆當存福衍聖宮 上諭陸梓亭曾發之

十四日丙戌

二兄寄來初八九禀 報詳述旅順失守情形甚為大員畏葸私遁之以 國家頻年經營之要隘不啻擲之於敵 凡有血氣者莫不髮指矣　晚作一緘復二兄　閱經傳釋詞柳意或等字　錄白石神君碑諸題跋程秉禧金石遺文錄不辨蠶陽石門語 國書向日閱語之說以正之又校出程庵家門之家字當為守字　飯老代子鈇出前月兩次𥳑奚其為經題之中之鞠窮字竟遭山長勒帛

十五日丁亥　月色甚佳

前日塾課詩題為清晨再拜鋪丹墀伯聲有句云手容傳揖讓眼福飽以御

校正莊子二卷鍾一條　襄荷雅會文會

十六日戊子

山長課題帝不見祝鮀之佞而宋梅象頌子晚接一卷　蘭丈送我

十七日己丑

早膳時若送鈔飲老許　閱讀苑畢　修文篇云雍也可以得稱南面者蓋子桑伯子於孔子孔子曰可也簡仲弓曰居敬而行簡以臨乎民不亦可乎居簡而行簡無乃太簡乎為雍之言然據此則論語雍也可使南面一節是側敘然末之例孔氏集注仲

予因吾子語已，乃聞王某伯子之說焉。說叢篇多名言，如喜夜臥都不能寐起也。

一語已將盛必衰之理道破。稽武篇：寧我夜伏卒將以攻田成子，是寧我國

不惜好貨者也。王漢跋云：其言讜葉振白之謀，禪下以飽白令之諫罷。至公 又應生侯生說

云欲得侯生，侯生辭焉，於是過失於皇，默然一遂釋不誅。不貸。侯與史記大異，而此較

初不遂，亦似無據，而為此說。寫說文部首於桂氏義證本上。爲言文過我殷去

左侯東稿六冊，又某東稿兩冊。

十六日庚寅　大風

閱經傳釋詞二十餘字，其諸揆議之詞，南菁文集中跋之是也。閱文獻徵存錄

孫奇逢、李容、徐枋、應撝謙、毛奇齡、萬斯諸傳。孫奇逢年九十一，知死前去之十年我死

撝謙先生卦文之學右目重瞳子，其說易西孔子得易之乾，老子得易之坤。

讀新序一過。此京司言旨殷盧氏群書拾補校正之，今日復讀之，則康莊矣。甚矣書貴有精校本也。隋唐志作三十卷，今存十卷，其二十卷不知佚於何時。王謨跋門三國志劉廙傳注所引一條文，爲趙仁問子以胖牛肉近孔子於何上葉安得甚新可補史記家語之缺。讀左氏集編卷第十三四，刻於畢。

十九日辛卯

改課文三首。讀左氏集編。甘肅回務，劉錦棠乃劉松山之姪。

二十日壬辰

讀經傳釋詞十餘字，淡不可當。

二十一日癸巳 陰 筆硯皆凍

閱經傳釋詞畢 凡百六十字 過禹言長談 知鄉撫為寫柳詩

二十二日甲午 陰 硯仍凍

閱思辨錄治平類 往周家弔 晚改課文三首

二十三日乙未 寒稍殺

霓臣由揚州回 來字索諸子平議去并以文選讀書襍志七本 閱甫青文集 孫同康固是作者

晚閱思辨錄治平類

二十四日丙申 晴和

閱經義述聞 閱左傳類鳥獸之肉不登於俎鳥獸句之實作其 又東關所以五東關複姓更字

魚肚白余懷案
人詩語也

洪衍人來作東閣五　閱案俗炳、曹本棨、王命岳、許友、余懷、丁煒、范鄗鼎、陸隴其、陳
夢雷諸傳　王命岳進試策千餘言皆論當日雲貴事及國初對策并左袞言財子之例
余懷字澹心與杜濬、白沙申涵齋名其殁也尤西堂吊之曰吉觀同人啖魚肚白夜宴同看畫人碎
下午白石先生和卿崇光同過我　崇光欲去明月樓賦四本　過許岑觀其所得北朝碎
帖十餘種　到店請父親安　晚飯後讀文叢東議一本　禹言過我未值
二十五日丁酉
謁蘭丈不值　過飲老累素近日申報所記軍情　讀文叢東議一本
閱陳遷鶴馮景顏元諸傳　景字山公　有周正改時論十篇　題聖傳文王受命考實以
中庸孟子二手為據　今乃知其說皆本之山公也　此十論皇清經解未載

石北岳恒山祠碑不 呈白丈鑒定 其前呈之寫真碑已跋成矣 禹言晚過我 邑談以
詩旐維旟矣〻旐即兆字與上冢字一義 兩維字皆語詞 西謫甚快〻 西禹先讀書
精細不讓前賢 拜服〻〻 白石先生云 衆維魚矣二句是疑詞 實維豐年句是大
人所釋也

二十六日戊戌 冬至 晴和
主襄荷精舍為消寒第一集 主客九人 至夕始散 顏生寄書來并文三首
雨亭字白石兩先生談韻學甚精 兩老思為廣韻分部次敘之所以然 明箸說以
詔來學 甚盛業也

二十七日己亥 連日天氣煖熱似春 下午微雨

改仿靜寰之別東坡花梢賦一首　讀閻璩顧炎武吳任臣張弨張爾岐諸傳

博學於文行已有恥也而言已包漢學宋學在內　亭林先生經學即理學[illegible]之言

是以破除空談性命諸弊　作一牘寄顏生并臨課文批閱擲去

二十八日庚子

過錄何校列傳一本　讀大戴禮三篇　改仿靜寰圖破呼衍王於天山賦一首

作一牘致馮生訪求其祖殘壹先生遺書　讀文襄奏稿續編畢　計七十二

卷皆辦理陝甘新疆事　其新疆之行省設郡縣典規模皆公手定　而俄人償還伊

犁一節　奏稿中雖未明叙所由然　揆審當時情事　實由外夷目覩兵威所致也

公之用兵如神　尤善取遠勢　其由甘肅中路進兵以策南北兩路　又由關外北路進兵

以策東新疆南路皆為扼吭搤頏之要著習兵家言者不可不知也綜計新疆幅員周二萬里淪於化外者幾十五年一旦還隸職方永作國家西北之屏蔽公之功豈復與尋常論哉 特謚曰襄固其所以也

二十九日辛丑

前假之元霽莊校花書四冊錄畢 今復往假兩冊 游芩過我述其所得北碑二十餘種皆成屬其暇往觀 閱施相吳偉業馬驌尤侗黃宗羲宗炎王志諸傳 宗羲書取明代儒者遍參之定學案以師說弟子附焉首崇仁吳與弼康齋也次白沙陳獻章白沙也次河東薛瑄敬軒也次三原王恕石渠也次姚江王守仁陽明也姚江之學至廣又分浙中江右南中楚中北方粵閩王門學案附焉次止修李材見羅也次泰州王艮心齋

也，亦自姚江出也。次甘泉湛若水，甘泉也。次讀儒首方孝孺遜志、孫奇逢鍾元。次東林顧憲

成涇陽也。專為蕺山劉宗周念臺也。其論學師蕺山，謂良知不用姚江說。改其子百家為徐

乾學延入史局，宗羲以書辭乾學曰：昔聞首陽二老託孤於尚父，遂得三年食薇，顏色

不壞。今吾遣子從公，可以置我矣。又論文以為唐以前句短，唐以後句長；唐以前字華，唐

以後字質；唐以前如高山深谷，唐以後如平原曠野。故自唐以後為一大變。然而

文之美惡不與焉。所寶者，謂其所不可變者，千古如一也。

改課文七首

三十日壬寅

批訂竹垞寒不被君賦一首。閱朱彝尊聞周亮工侍[illegible]以子昆田游閩粵還，作羅

浮胡蝶歌云：我曾南游南海，披圖御采明之洞，恨未探幽於禹，一寸二寸花開菖蒲節。

蝬談東坪

千丈萬丈竹竿象，蝌斗飛，迴山噬虎，㢮尾之不怪，修蜿毒蠆未敢來，梅停，惟聞青羊

黃麟雪花鹿，實銜雲銜往，逢真靈，更見居雞五距存五色，千年老鶴彈毛都冷

麻姑鴻逝滿書東海，書邀王母畫下，扶珠擁，雲瑞雷霜佩冉冉，衆仙集，九霄之第一志

羣山青，花開燦爛，絳不復顧禮，指肩挹袂，彼此相攙，於煙層霧袖，一笑眉畫羽扇化為

胡蝶，万萬蕊，玲瓏，蓬萊左肱上之田九廟，亂抽紫芝黃獨，侵术苓，紛紛飲香吸露

嘯傲一一，點枝裏葉懸金鈴，五華，城邊，書遍，果太史，是獲，一隻，蕭灑歸於臺

江左風來，滿五十四，雄雌并出，先射船宵標，惜之人，祇將來為圖畫，但見珠擁綫錦林

瓏玲垂，亭長昨，象炎欲素，在樓千仞，直上追飛，蝶白，藤蔓中，以模，鳳凰子，遠兮

八蕭，梁，鳳，華晶，掛之紅羅複帳，近端和，銀龍乾元，囊中紫，胡來忽聞殺

破蘭也。仰眠床上，不覺神魂已離陸境，境更異，昔所見也。繼見孔雀屏綉羞開扇。侯又

東洋摺疊扇，翡翠羽扇，攢又古洞，攢康綸緞，綠毛倒掛。金也好顏色，何況金花

菊子紅蜻蜓，黃蜂粵蝶破蘭香節，一花一蝶繞我比芳亭。

十二月建丁丑

初一日癸卯 泠 初十小寒 二十五大寒

閱思辨錄第十六、十七兩卷。治平類頗多，錄其極切時事者。亦且不足據者，賈似道當國則推排，往民間大擾。太學生為詩云：三分天下二分亡，猶把山河寸寸量，縱使一丘添一畝，也應不似舊封疆也。切時事者，萬曆時江陵相公當國丈量田地，吳中詩云：量盡山田與水田，只留滄海與青天，如今那有閒洲渚，寄語沙鷗莫浪眠。無是時吳中經界大壞，賦役不均，得此始正，於今賴之，此不可廢據者也。又言嘗欲輯兵書，為之卷曰道、曰法、曰術。道只是道理，凡四書五經中言兵處，以及古今成敗論兵於言，必且合於王者之道者乃取。法則法制，如司馬法、李靖論兵及紀效新書、八陣圖之類。術則智術，如孫吳兵

讀古今史傳所紀攻戰之迹　晚讀左文襄盾鼻餘瀋一過　二兄寄來十一月十五六
等日申滬報　衛汝貴葉志超龔照璵皆拿問　二兄近治荀卿書假去讀書襍
志一冊

初二日甲辰

過滸苓段龍沚述畧李本文集　前得鶴讀其所得三國晉魏南北諸碑　其隋碑
及般若經龍藏寺亡物　閱宋琬施閏章查慎行楊雍建韓菼姜宸英
諸傳宸英旅食京華者垂四十年　聖祖聞其名嘗問內直諸臣江南有四布衣
尚未仕乎即李因篤嚴繩孫朱彝尊與宸英也

初三日乙巳

讀龍江述畧一過。黑龍江省以水為名，古肅慎氏遺墟。其地計東西三千餘里，南北六三千一百餘里，東南至西北三千七百餘里，東北至西南六三千七百餘里。咸豐十年中俄續訂界約，東以烏龍松花兩江匯流處黑河口為界，北以黑龍江中分右岸為界，東北亦以黑龍江中分右岸為界，又右以岸自西北至也拔格爾必齊河至東，吉林屬畢占河原界三千七百餘里，統歸俄屬。而自北外興安嶺背至南，吉林屬伯都訥原界三千四百餘里，僅一千二百餘里。案徐君所述列龍省之割壤甚悉，其危當世序所以謂為極志士之情鬱者也。而開兵屯立水師，兩江東尤為龍省要害，富韜者日不急講乎。涉容松豪先生合為謝寒之集

初四日丙午

讀亭林文集一本，其生員論三篇雖指明末積弊而言，並所謂合天下之生員，縣以三百計

不下五十萬人而所以教之者僅場屋之文並求其成文者蓋十人不得一通經知古今為天子用者蓋千人不得一也此患蓋直至於今而未之改也　北岳辨述及張嘉貞碑　宋初嶽祠為契丹所焚淳化二年重建而此碑未嘗毀云

初五日丁未　非雪

讀思辨錄輯要畢　焚書正所以存書之詣極是今日之書無善極矣而尤之甚者莫如時文者亦祖龍一炬也　二兄寄來初十至廿六日申滬報燈下閱之知北洋與南洋防務甚嚴矣　父親母舅兩大人皆在家午飯

初六日戊申　晴

孫卿云諦如中之解老喻老兩篇其與老子同傳知之固也　閱申報至本月初六日止中日開

商議和之説　讀荀子非相篇標出治之志好之待兩條　錄龍氏述異序

初七日己酉

讀荀子天論禮論諸篇

初八日庚戌

過陳石文　高彪侯碑共標出廿條字句之精勘古拓尤之實矣　致仲彝文四首

初九日辛亥

六弟自鎮歸　略敘一切　伯聲所覓往興化作一詩以送之　讀荀子非十二子篇

初十日壬子

往西周家　書院書案尚題薦　過蘭丈　讀所作禮感詩見云天子闕

聖据之戒信能厚。笑數其戰必以須名不朽。又云寓譏刺而不失為詩人之言

十一日癸丑

閏生先生七十壽，與三兄往祝。閏甫之四子申竃報閏君和議矣

十二日甲寅

改課文十篇。飲老家。诸寶三集。讀顧祖禹、方苞、李鍇、張方先生、陳潢諸詩

海日遠胡三軌近靜德里高會八聰來白石先生門联也

十三日乙卯

寫字一幅。撰韩信張耳破趙軍泜上紀。案韩信傳原云背水，即背泜水也。证之說文泜濟泜三水而知張氏正義不確，為之紀也

十四日丙辰

龍大宗師觀風題目

致中和天地位焉萬物育焉

太史公論六家要旨賦 以陰陽儒墨名法道德爲均

賦得江南江北青山多 得多字五言八韻

體象循方員或作圜或又刻器圜刻三字通釋

磬折一矩有半解

柳宵牀穀果大義述補義

何注公羊多明殷周質文殊禮疏證

爾雅篇目攷

擬絕非遠以清談 并序

擬蘇東坡方山子傳

擬庾子山屏風詩

海防策

已上生員題 三藝為完卷

仁不可為衆也

說詩解頤賦 以匡衡經術當世少雙為韵

已上童生題 餘題與生同

十五日丁巳 雪 晚晴 見月

讀亭林文集一卷　閲方觀旭論語偶記　閩中滬報至初八日

十六日戊午　又雪　晚晴見月

讀荀子解蔽賓孟之蔽亂家是也俞解賓孟爲賓萌說甚是　漢志孫卿二十

三篇今止十九篇是語中脫釋之一篇者是語與雅是敘篇亦當一一篇者七二說似皆未可

据　白石家晚集

十七日己未　奇冷

孫聊贈顧老納雅詩兩首云慘綠年華渺水過劇憐翠鬢對青蛾新翻赤符

金臺曲裡唱開元寶歎非知歸是必生憐且插新朵綠宮緣難回風人知

唐意在波不較小星前　政課文畢

十八日庚申

放学　午後過向老論學點書：點書當以毛傳鄭氏雜易篇第而淫奔之說則與毛同也正義乃以鄭說東門詩與毛為異其實非也

十九日辛酉

錄左文襄文一篇　晚在杏樓家消寒四集　續左文苑載真貞碑

二十日壬戌

母親壽辰母舅至　晚閱湯斌李光地朱彝尊彭定求李因篤傅山嚴繩孫潘耒陶元淳王蘭生盧文弨諸傳馮景已見前又抄盧傳下補出亦刪

二十一日癸亥

母舅約陪本甸茶話　與三兄在李家晤於西門菜之亮日　晚讀亭林文集卷六

其天下郡國利病書序云：共四十餘帙，一為輿地之記，一為利病之書。又廣師云：學究天人，確乎不拔，吾不如王寅旭；讀書為己，探賾洞微，吾不如楊雪臣；獨精三禮，卓然經師，吾不如張稷若；蕭然物外，自得天機，吾不如傅青主；堅苦力學，無師而成，吾不如李中孚；險阻備嘗，與時屈伸，吾不如路安卿；博聞強記，羣書之府，吾不如吳任臣；文章爾雅，宅心和厚，吾不如朱錫鬯；好學不倦，篤於朋友，吾不如王山史；精心六書，信而好古，吾不如張力臣。　讀荀子正名篇

二十三日甲子

袁香南送其家藏之竹垞舊硯一方　閱申報至十二月止　帰日由金清甫之見并綠

劉鶚其人者只大意自述用別為胡文忠不用別色要點 讀亭林文集畢 其與桴亭

札云昨歲於薊門得讀思辨錄乃知當吾世而有真儒如先生者孟子所謂豪傑則稍善也

身達則當著一代之典內聖外王之事是也 其至頑人則狀當錄稿 廟號議 廟諱御名議二 當錄

肇域志序云此書自崇禎己卯起先取一統志後取各省府州縣志後取廿一史參互書

之凡閱志書一千餘部本行不盡則注之旁旁又不盡則別為一集曰備錄數載力已

衰慨舊編之莫就庶後之人有同志者為續而傳之俾區區二十餘年之苦心不終泯沒

爾 錄文襄文兩篇

二十三日乙丑

寫言稿並小塵茶話 過禾翁快談 坐見容伯及蔡雨翁先生來述二圖書館藏書若干

極佳　過白石先生其寫肖碑已裝成孫氏續兖本轉陸氏續編多二十餘字此搨稻孫本又多十字　閱汪紱勞孝輿胡方郎廷寀潘天成方苞沈彤邵長蘅李光坡任啓運孫志祖茹敦和陳著生洪亮吉諸傳　亮吉嘗言君子疾沒世而名不稱聖賢忘名、可假乎曰不能也聖人之名而可假則莊周列御寇之徒假之矣賢人之名而可假則郭解樓護之徒假之矣忠孝之名而可假則王莽趙宣之徒假之矣詩文之名亦然且必傳之精神別能傳之歷數而不磨若校之下好名之輩惟當多務其實而已

二十四日丙寅

蘭史家清寒小集　過子香老觀楊孟文頌　白老云有坐篇數已破碎乃士其輻輻讀如輹輹伏兔也陳碩甫毛詩傳疏引荀子以証詩貴手兒編

二十五日丁卯

點大戴禮哀公問篇孔廣森注虔足之補荀子者 復讀成相篇刑稱陳陳疑為程之誤字漢刑法志曰讀文書以百廿斤為程即其證程陳形近致誤 閱汪容甫荀子通論春申君前後因客說謝荀卿卿因去楚之事

二十六日戊辰

讀大戴記禮三本禮察保傅武王踐阼衛將軍文子諸篇踐阼惕若恐懼可證易夕惕若厲當以厲字絕句武億經讀攷異未之及也 天員篇陰陽之氣各從其所則靜矣偏則風俱則雷交則電亂則霧和則雨陽氣勝則散為雨露陰氣勝則凝為霜雪陽之專氣為雹陰之專氣為霰霰雹者一氣之化也 以上諸文即電學氣學化學之權輿也

則衆物之表裏精粗無不到

推格物之極功非那好真學者不能也且所謂表裏精粗[illegible]粗一物[illegible]物[illegible]也[illegible]非[illegible]

格真真學者[illegible]也且格物之學真學也[illegible]格[illegible]格物為末物者[illegible]格物為本物者[illegible]

之而真真學格物之[illegible]不知極生儀之生象者也實動之性以錄一滅二二滅

三百十萬億之天斯之而所至也而華家說之微天下微也中微人之實設[illegible]著之

噫誤矣因力久而誤[illegible]貫通者貫也格物之學也直者通也格物之學也而物之到不到而以

論天者以言上徹天也[illegible]物物理之物統天三物天理之物本天之理以其[illegible]到長[illegible]

請具陰陽其[illegible]篇每予人以茫渺 而印此日月運行以有[illegible]表[illegible]者之別[illegible]

之錯[illegible]之辣龍門天官[illegible]夫[illegible]學述群情詮[illegible]而[illegible]即自服[illegible]本

式古訓齋日記

光緒二十一年 乙未

正月

初一日癸酉

讀荀子勸學篇 與三兄同出賀朔 過伯石丈論荀子成相篇先字不必改作之

又讀漢楊孟文頌 命字誦字垂筆皆長蓋寓緜緜無已之意

初二日甲戌

從游苓所假得鐵橋漫稿閱其荀子從祀議識定論也

初三日乙亥

崇宗閣讀論語 閱鐵橋漫稿四錄書類集總目七十三種千二百五十一卷 春庚仲卯云

繫辭下 繳頭閣坐開兩月開天地兩古之字孟母仉姓仉者爪之誤爪從反爪讀若掌

初四日丙子

爲言指飲爲新購得戴望管子校語其中除王念孫家外並采陳碩甫洪頤煊丁士涵張文虎諸家說戴爲陳氏高弟也 蔡雨甫所撰音韻於序表以因伊二字聯母全韻爲實以一字爲首舒言則爲因伊促言則爲一 閱鐵樵漫稿其後漢秦嘉妻徐淑傳可補范書列女傳之闕 漫稿載丁秋九牲卯士涵之字

初五日丁丑

孫師白老星甸游崟共論竟日 孫師成感事詩數首 錄嚴可均管子書後一篇

初六日戊寅

同業楊少雲來意欲補廩並道姜子翁近況

初七日己卯　閱去年臘月廿五六七等日申滬報　山東登州有警

初八日庚辰

偕少雲棠話竟說其事　子香老為請寒會　二日來季書來　便覺神志不貫

初九日辛巳　午後大雪

襄蔭將會小禀　紉師許先堂兄玉少散　寫寄二兄一緘　晚讀荀子君道篇　即錄王氏雜志引移出安稽利字一條

初十日壬午　雪　立春

寫寄伯聲一緘　閱說文義證手部　㝷寺失二字皆从手　扠讀若華　从訊藏物曰扠音近即古字也　掘茢二字亦从譔　讀荀子君道篇亦去注

十一日癸未

閱俞樾荀子詩說其與毛詩同者居多荀氏此為毛詩祖矣又云大略篇引傳曰盈其欲而不愆其止云云必是根牟子以前相承之師說

十二日甲申

修業書坊以顧氏音學五書及任氏燕禧堂五種書價皆甚昂　過白丈論荀子

閱俞樾達齋叢說其說格物即正名中庸之妄加子曰字王制乃素王之制諸說俱妙

十三日乙酉

偕游岑雅西溪不見一人而還　閱初四日以後申報山東海口連得大捷快哉

十四日丙戌雨

善子翁信來即作一箋答之

十五日丁亥 陰

楚丈招飲 賀盧先納姬成詩四首

十六日戊子 晴

閑孚 衍岑過我詳述山東大捷情形 錄俞氏前子詩說

十七日己丑

錄俞子詩說 購得禮器曹全孔宙嘉平四種及黃初脩孔廟碑及山谷大字 鈔右文

草文一篇

十八日庚寅 閱初九至十二日申滬報 威海又有失陷之信

讀韓勑節禮器碑魯夏侯廬頭碑為夏字鄉見陳霖丈集本尚未能辨定也霖

志購得武梁祠題字　閱孔子集語回能仁而不能反俞氏荀子平議改反為忍愚謂不然

反讀即反經合權之義說苑亦作反

十九日辛卯　東南風晚微雨

錄荀子詩說　閱孔子集語　通讀武梁祠畫象題字一過　范雎作范且可怪胡身之通鑑音

雖之誤讀以前物一字五千金也　禹言過我

二十日壬辰　陰　夜大風雨

以湘岑所貽來劉端臨荀子補注閱之計百十二條其精粹者王氏雜志已采　讀藝舟雙

楫一冊　其與周保緒論晉略書今刻晉略不載即補錄之　錄左之襄文一首

色並以荀子為文章之祖而致力則在呂覽韓非蓋以韓出荀門而呂氏諸客半皆荀卿弟子也　又購得魯孝王碑武氏石闕銘及武梁祠題字開元寺鐘銘米書孔廟檜贊鐘為唐長興年鑄鄉貢進士李環撰文僧元濟書金石萃編未載

二十一日癸巳晴

禹言約蔡聚卿過藕蘭老所館（何蘭丈家）見鈕非石所書楹聯又板橋聯檢農黃舊冊薰琲為奇香

二十二日甲午　閱十三四五日等報威海消息甚惡

過篠老論武祠題字朱明魏湯董永邢渠阮氏金石志之考　呈句祖之臨魏女鍾離春醫懿古通題之臨印之之懿色名乃後起或即由此得也　讀藝舟雙楫

二十三日乙未 天氣甚煖 戌刻雷電交作 急雨數陣

讀隴東王感孝頌 紀郭巨埋兒獲金之事 按梁祠所畫朱明即其事也 頌記郭巨孟氏所受井 閱新序鍾離春云人號曰無鹽女 列在南之無鹽即之無鹽之說蓋信

又購得孔謙碑 孔君墓碣 魯相謁孔廟殘碑 孔彪碑 又碑陰 孔褒碑 共六本

二十四日丙申 北風驟冷 午刻大雪旋霽

讀列女傳 知武梁祠所畫夏禹之後及夏桀文王之後及伯邑考 周公旦 蔡叔 霍叔諸人者 皆本列女圖也 劉向列女圖不可見 祠畫不啻見劉圖也矣 再查所列諸孝子 當本劉氏孝子圖 過唐臣殷樓補記 閱之 董永魯事自遺 可證祠畫 偶阮未及

列女傳漆室女者魯漆室邑之女也 案漆七古通字 漆室邑猶言七室之邑 十室之邑也 御覽引女列傳正作七 注云一邑七室

録左文襄文畢，即奉還蘭丈。詳

二十五日丁酉

讀列女傳一過。桀與末喜嬖妾同舟流於海，武祠畫夏桀騎二人，似即其事。義姑姊兄子惡死，非姑棄奉，傳當是子拙之。今世耕母之捨拙也。過許岑，題太平御覽。

二十六日戊戌

由石老致楊孟文頌，綏億衙彊為安衆衛彊說，勝於王氏讀書雜志。讀翁氏兩漢金石記，武祠畫曾子七友首，云三漢畫耕不足道，更躲題扁光節，漢其自注可予書以小楷可能肥城畫并李述所能嵩山畫象雖存所始射陽畫象同裝題其室曰三漢畫齋

二十七日己亥

褎荷精舍消寒九集　閲隋經籍志孜證其孝子傳條下引三州人魏陽邢渠趙徇四人云見藝文類聚和学記太平御覽三書

二十八日庚子

讀藕舫叢稿沈欽韓狀云亭林郡國利病宅京記不過撮拾之勤肇域志雖未見要亦其類也唐韻正五書功同鑄金而学止一孔唯日知錄閎深於聞切過副其守先待後之志而間出么小孜證仍不免帖括末技又云欽韓著録太平御覽雲笈七籤法苑珠林若干卷採原書十存二三而菁華萃焉　三州人見御覽地部魏陽見兵部邢渠趙徇人事部　均出蕭廣濟孝子傳及師覺授孝子傳唯朱明孝孫尚未暇檢也

二十九日辛丑

戴彥倫作古孫師前曾撫聯挽之云黃鸝聲裡杜鵑聲語今竟成讖　閱太平御覽內李美及

李氏遺孤一事　閱十六日以後申滬報威海劉公島皆岌岌

三十日壬寅

過錄王氏荀子襍志劉氏補注勸學篇　晚閱太平御覽博學類

三月

初十驚蟄 廿五春分

初一日癸卯

孙師堂見招同游西溪和尚出其祖师时和硕莊親王写法華经一幅约六萬餘字皆蝇頭楷因寶塔様書之亦難能可貴之物也

初二日甲辰

過王劉兩家荀子脩身篇録 讀宋翔鳳論語説義学而為政兩篇視其所以一章搞用人言

閲御覧学部

初三日乙巳 雨

以星甫所贈來郝氏荀子補注 過録王劉荀子不苟篇 裝晨非果祠匙字成冊 晚閲御覧

琴操記之所以刺韓王政之孝子也可證羽翁

初四日丙午　早有雷雨

初五日丁未　閱太平御覽兵部

初六日戊申　閱御覽兵部　書院甄別子田文英香櫞人也一等武卿庚出師表得師字

初七日己酉　閱御覽皇王部　燧人握機矩伏羲承之犧武羽尚持曲尺者燧人也

初八日庚戌

蘭文招飲　過周子香見魏司馬景和妻墓志近來吳誦清業皆師之　錄寄丙全石

記夷則　郵衛處葛桐心事采徽詩　前日外師試帖內也

初九日辛亥

循齋信函述縣試首場題用之者舒爲知其財者也使於四方不辱君命　三兄高言晚過我

初十日壬子　閱正月廿七八九諸報

三兄信函述楊少雲事　蔓柳罷栽春林漲一篙雲催雪夜舟孫師挽戴東聯

錄翁方綱金石記　閱論語說義　過三兄及西居

十一日癸丑　閱月初諸報

閱論語說義里仁篇　錄翁方綱跋初觀象詩　蘭丈如師六弟茶話　張香濤制府見委起馬路

一道由金川門至下關擇開屯門閉塞數百年　前日開門時巨蟒巢其中　欽老招飲

堅尼星甫述餞別文亦用文莫說　錄荀子不苟篇校語

十二日甲寅　雨

閱論語說義里仁篇公冶長篇　顏淵聞一知十即天下歸仁子貢聞一知二即人己立達也　錄荀子榮辱篇補注

及禮志　晚閱御覽州郡部　帝王世紀武王取太公女曰邑姜

十三日乙卯

毋舅自興也　錄荀子榮辱篇　閱御覽居處部

十四日丙辰

錄荀子非相篇　閱御覽人事部　陸春江來東巷看園綠

十五日丁巳

校錄荀子非相篇　舊賃陳家屋若偏仄今復向賃東邊屋五間折券為定

十六日戊午　雨

與三兄同作東道為春宴於襄蒼精舍觀白石子香合作畫

十七日己未 雨 薄暮雷震並疾電 未詳天之誰怒也

移書案於新屋 先事掃除

十八日庚申 雨

六弟往鎮府郡試 因作一楹聯 楊少雲之一楹聯仿韓 三兄晚過我 云明早歸

十九日辛酉 雨雪甚冷

西師函云 李相已於是日議和成文 閔御史書達部

二十日壬戌 大雪尤冷 滴水皆冰

閔御史書達部 呂上舍日料理新屋未到塾

二十一日癸亥 晴冷 閲本月初八至十二等日申滬報

過錄荀子非十二子篇 閲御覽職官部 申報載金陵儀鳳門中掘一石碣云金川門城洞開筆馬

二十二日甲子 以阜民財

過錄荀子仲尼篇 閲御覽職官部 仿蘇縣試三場第七賦題汲黯少戇寬饒梗已題為均

二十三日乙丑

寓言昨往鎮過我一談 便託其為顧琳買左氏禮記 錄郝氏荀子補注僅有勸學等篇

閲御覽職官部 引漢書注頗有今本所無者可彙輯之以補缺也

二十四日丙寅 閲十三至十九日報

錄郝補注不苟篇 二兄有信函云二十二日過江 今日可到 翹盼一日未至

二十五日丁卯　春分

戴家四七兄往弔　二哥午後到家，快談一切　種荷

二十六日戊辰

閱御覽府部畢　爲朱俊兄跋詩兩首　閱直齋書錄冊

二十七日己巳

寫玄前三兄一箋　孫帥帝　函精舍敘詩　西邨丈過我

二十八日庚午　閱廿七廿八日報　東稍得一勝仗　吳大澂全不言情

湘潭王闓運上傳相書，詞氣激切，亦當世見之人也

二十九日辛未

吳拙孫由醒城來　讀京江公亭正封禪議及歷代帝王泰紀聖相所見同越寺

帝

丁師晚至　葉宗論經學而屬政談畢

吳志丹陽太守李衡母曰人患無德義方好耳　因牛乃爲

三月 十二日清明

初一日壬申 驟暖 夜大雷雨

五弟往菱川迎娶今晚歸 讀會典江蘇水道圖說

初二日癸酉 西北風雨轉涼 見雪

購得石门銘 元次山碑 小閣齋記 銘為魏太原郡王遠書超逸可愛惜後

磨崖一段未搨 此賣帖者云以上數種皆自上海市來果介則價必廉甚也

讀經世文編江蘇水利门

初三日甲戌 晴

殷述雲文 石文為五弟新房書聯云七寶莊嚴倩月手三商蘊藉浣紅詞

叔母囑來論詩　閏四月初二鎮屬院試南齋信三元六弟可以一鼓南下矣　本月初一報

呈上相受傳之說　書院甄別蔡桑兩卷皆取

初四日乙亥

縣課題　飯疏食樂在其中矣　擡書夜到廿八宮詩宮字　晚接一卷

初五日丙子　南風轉暖　五六弟等擬于到臨澤也

本題洛技一卷膳食飯老所并爲飲人偶摘詩一首之內云蘭文當碧瓦圖照說

胎初　游參過我述澎湖的一勝仗

初六日丁丑　晴和　閱無已卅年日中澆稻

五六弟去期來客四十餘位　晚尚飲孫師僅囑諸君

初七日戊寅。夜微雨，曉起大風，三月未隕西番花之之去，晚又雨。

欲隨實所路來蘭花兩盆，清氣馥郁。晉源徐席之見，另復信函。

晨課：子曰晏平仲兩章，春風人人自今學作一葉。孫師俶老過我述，爲言由鎮江回之信語一切。閱李相國傳而過。

初八日己卯。晴。

閱宋翔鳳《論語說義》述而、泰伯、鄉黨諸篇，入公門一節是擯者之事，今雅言釋易、春秋之文，性與天道不可得聞也，故子所雅言以爲是詩書執禮。閱續經世文周閱語十兩類，海林一廣函。

學議曾文正語出洋游歷，皆爲洋務開源矣。

初九日庚辰。

吾師於叢棲中見晚梅,至感云:李艷桃穠後,寒梅破蕊遲,月為描影去,風替送香來。賞識雖云晚,叢叢還自哀,幸生今舜地,不傍戰場開。閱論語說義先進篇:君子野人以貴賤言。殷以前由野人而皆得仕進,周時世卿,則君子不得與其列,故下章曰:從我於陳蔡者,皆不及門也。鄭注不及門謂不及仕進之門,立見兩年一冊,案宋氏之義甚精。閱論語說義畢。其書大旨以論語為孔子微言,張三世,說太平,多參以緯家說。

初十日辛巳 閱初二、三日申報,傅相未死。讀校邠廬抗議四十首,中如公黜陟、汰冗員、復鄉職、折南漕、復陳詩、變科舉、停武試、減兵額、采西學、變捐例、繪地圖、改河道、復宗法、重儒官諸議尤要。當與文正讀書云:天下之大患無賢者,竊見閣下奮而思所以竟厥功緒,當時文正而後讀馮先生之書者是。

加圈以識尤要之要者

矣而亲刈克施其言者哉　吉斋自淮城来　汉翁今晚往奥　读续经世文编

类　随师师过杏楼仍石

十一月壬午　早微雨旋晴东北风

[illegible]师拜墓后往北郭踏青

十二日癸未　仍东北风雨

二兄由兴化来

十三日甲申　晴

五弟解到　戴小园及万卿送亲来

十四日乙酉　十五日丙戌　十六日丁亥　连日皆周旋铺设亲事　十七日戊子　至李府启诚

十九日庚寅

閲北部新聞警疊，午後往觀。孫師有句云：如此郎不識此軍器猶給清服陽惜來

二十日辛卯　夜雨

山長課題：子曰三人行一章。頭痛身熱，殊不適也。擬古不文歟

二十一日壬辰　晴猶雨，午晴

草題隱稿一書寄去。下午惡寒身熱。禹言過我，少話即去

蔡碗執一月餅。寫復三兄信，并附文譜二冊。孫師述臺北得一大捷（未卜確否）

二十二日癸巳

樊文來為余診，以龍膽瀉加味。頭身來發川

廿三日甲午

授榮宗論語子曰起予者商也始可與言詩已矣 始者字爲句 商也屬下爲句 又學而篇賜也始可與言詩已矣之例 此者字句在上 彼者字句在下 異只顛倒耳

登之姊丈由臨城函 頭痛寒熱已愈 惟腹仍不快

廿四日乙未

閱申滬報函十八日

裝北魏石門銘成兩冊 會試題主忠信 賦得褒衣博帶得廣字

廿五日丙申

蘭丈早過談 閱御覽天部 寫石門銘 腹中时痛泻 蔚如兄信函时猶未進境也 不日當更兄佳音到矣 康步公函送石菖蒲一盆來

廿六日丁酉

柳师来斋午后去　悦读达笠归文松韵　写石门铭

二十七日戊戌

读孙渊如文集三本　纯乎是为经术之气也　辩琴假结绮日录四册

二十八日己亥

祭伯祖考周忌　叶宗揭前日来寓书之今后得不秀老荐识者荣也

二十九日庚子

敬周生侵晨开贺往道喜　大兄命陪笠归文午谈笠良孙师　读闻字书集

来见谐言一卷是钱晓徵阮伯元诸老手札亦可想其一代倾倒矣　读曾左致郭

袁識多札　奔流萬里河之曲上下千年漢以來　翁方綱贈錢籜石載句也

三十日辛丑

孫師吉齋同請園中招請作陪　讀孫淵如文集　過游吟所聞和議將成其條約是甚虐讓臺灣及東三省要隘均屬日本云云果如是則日之萬不可收之道也

是和尚住尼庵說法亦一奇事　陸燿輯切問齋文鈔自序有曰道備於經既是漢之箋疏唐之義疏宋之東的微言大義已可無憾而復搏撦細瑣抉剔幽隱紛如聚訟者何為者也學案語錄之書日出而不窮異同宗旨之辨相攻而不已高明者墮入禪宗篤實者窘於應務此又何為者也

奇節刪於相親後淺懷長似訂交初　朗夫詩句

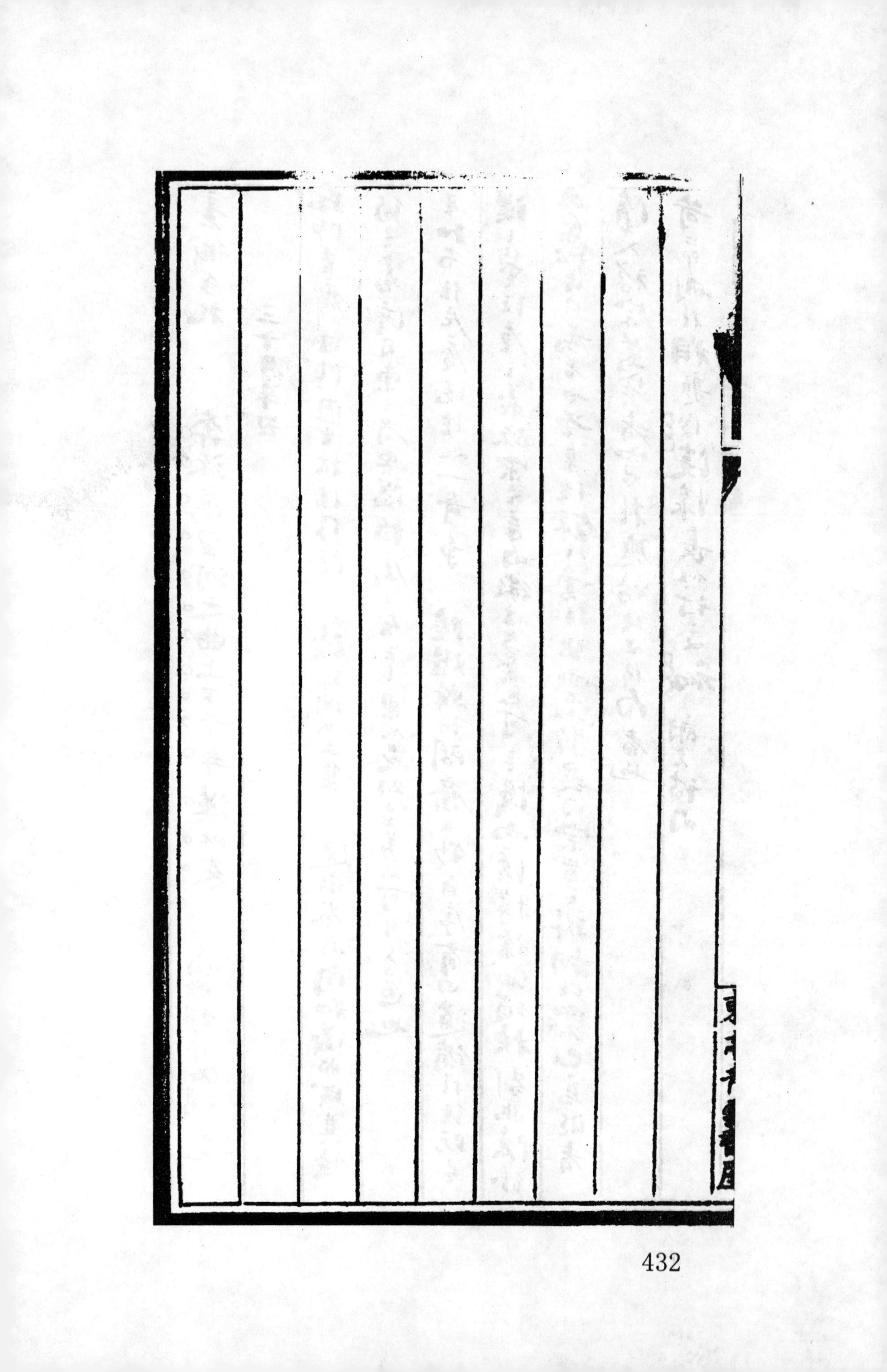

四月

初一日壬寅

讀孙季逑集畢　其石城集中有衛水溝碑一首　序云阮宮來涇之明年有告衛河第三屯出土古碑注視為北魏營州刺史高貞碑中有栽字不可識　示審之即壽字因為移置州學　高氏族葬左右先出者高湛高植兩碑　湛碑楷法工致藏吾涇吴氏到齋　晚讀魯通甫文稿　其晉史論五篇見王者起必當取法　沐浴

初二日癸卯

至襄襄宧精舍為飲者作生日　過伯辰許見孫淵如先生遺墨　讀通甫類稿

初三日甲辰

讀通甫類稿　看育申滬報亞共止和議尚未見成　閱御覽天部一本

初四日乙巳　午前微雨一陣　酉刻鳴雷急雨旋霽

和太師母仙逝奔往慰唁晚回　讀通甫稿續編上　其續編下寄存宗師處觀

也稿中兩論東坡王介以后種鞠名今不知其家法尚存否

初五日丙午　午前雨旋晴

東台縣試首場題業陳停第三麻老令子也　晚老麻過我談論譔子兒老子手之

夫子當是大夫之稱下文孰爲夫子西見文人以目中失之當代搢紳矣　峯臣論甚

精且與下隱者及不仕之義諸語相毋　閱御覽天部

初六日丁未

過錄仲尼篇郝注　讀黃山谷詩，其道子瞻詩句云：我詩如曹鄶，淺陋不成邦；公如大國楚，吞五湖三江。句法健舉，偏宜為峯。　閱劉青陽經說，摘出荀子解蔽一條。

晚閱御覽天部四時。　吳炳南由興來。　家藏見笪重光、鮑皋、徐時元字三幅，又張百祿畫一幅，名賢手蹟，永可寶貴。

初七日戊申　酉刻微雨

過錄儒效篇劉郝王三家說畢　閱御覽時序：夏至後三庚為伏，冬至後三戌為臘。

改述菴詩文各一首　放學後與三兄散步南郊

初八日己酉　雨

過錄王制篇劉郝王三家說畢

初九日庚戌

過錄富國篇劉郝王三家說劉說王頗采之郝則十采一二其精核實不及劉王也　閱輿地圖說中南洋述遇之一則

初十日辛亥

過錄王霸篇至議兵篇三家說畢　劉書多暇愈覺長晝之可愛也　晚與三兄約白石李標來論文

十一日壬子　雨

過錄強國至禮論三家說畢

十二日癸丑　晴暖

過錄樂論至正名三家說　過飲老所　下午謁師

十三日甲寅

閱蔚如會試捷音，為之一快　過錄性惡至賦篇三家說

十四日乙卯

至蔚如家道喜　過錄荀子劉郝王三家說畢　凡予因循所難成此書於去年開錄，遷延不卒業，今竭數日之力而已，殘事又一快也　他日再得洪頤煊說錄之也

書三遷儀象　過呂老

十五日丙辰

補錄顧澗蘋荀子校語，其成相篇十一字為韻一條與余說暗合　閱李文堂隨筆

十六日丁巳

閱东左玉隨筆　丁濂甫先生視学浙江，自疊喜軒故事，曲園和詩，自云向從老杜芬題，便又見，甚丁競爽時　杜筱石樵先生　宋子庭程說文臨一經鈔印歸藏尚也

閱王三秋瀛海卮言

十七日戊午

致師家二弟往信處　閱御覽地部—　閱十二日申報，記中日和約已成，奉淸並東三省皆須分割，償兵費三萬萬兩

十八日己未

閱御覽地部—　夜夢弟言寄來一函，其中述春夏風景可樂者凡幾

十九日庚申

讀表江閣北豐操領城士女皆往觀焉。蘭畦家藏子書三卷先後函閱

讀碑刻 閱壽左書遺筆

二十日辛酉 閱十四至二十六申報 推保驗陳恩濬供中江蘇以蔚以為第一

會爲三先三十七日招蓉舫老必可偕登碩論絕頂寘話一聚也 讀晁史

梁本紀 晚讀劉融齋公羊釋張三世例 吳香圃錢儀徵

廿一日壬戌

讀公羊釋例 賣帖趙某示構涓州戲法師碑 六之備子鄉金石一種

學云慕於十五日考丹陽生員 十八日覆試 十九日考丹陽童生 廿二日提覆

雨角云古與下廟字韻 陸與承韻 夫與人韻

二十二日癸亥　雨

申報足富强叢書頗多可采者　讀公羊釋例其時月日例輿地例即子思子上律下襲之說

也　荀子賦篇大編與衣出篇大雜似一讀 王說大編之大字衍 雜如也　老麻述蔡雨角云詩

周頌於穆清廟穆與廟相離與相韻士與陸韻 此循音之次序然也 余因憶荀子大略釋近命詞柱

近求相近與相韻其下事與敬韻而與周此用韻次序同異日當再質雨角求其詳細

晚閱五代史唐本紀　前日由襄陽精舍移來綠萼雨後生氣勃然

二十三日甲子　晴

讀仁靜觀魏法師碑　觀在丹徒譙山之左馬蹟山之東 法師名降字道崇 唐上元三年卒

儀鳳二年樹碑 此碑王陸兩萃編所未載　閱公羊釋例

二十四日乙丑

讀春秋繁露其論仁義陰陽五行皆是西漢精義非兩宋以來家儒已也山川頌文筆淵懿班揚諸賦所祖其論性不主孟子性善之說與荀卿書合　伯鴻過寓述其所撰涵防圖考　鎮江王信來云寓東小友捷震者四人丁柏梁錢伯贊柳〻王〻

晚閱五代史晉漢周本紀周世宗為一代良主

二十五日丙寅

午後偕三兄策試優等信録又偕伯贊入學信雜厰去阮陽房樓西後移往房匯自楚第九至將消息亦當在路矣趣盼之至　晚寓讀三哥一緘又寄毋舅處贊字一緘　閱龍其宗丞州圖考圖甚晰其文省不考已載入與地集成

閱茶香室經說 去年袁帖之山東王叟又函告此次為喜奉 惟敬使君一揭耳

二十六日丁卯

棗巷武童今日試騎射 丁公橋旁失慎 據北龍公所云 應延試童外場之期 居民往往

於茨頻驗不爽之一奇也 閱茶香室經說 五百年必有王者興 其間必有名世者 其

間謂五百年之間 蓋去王者二百餘年也 孟子之意 蓋以孔子當一王者 自命名世 故下文曰

七百有餘歲 除去五百 當孔子託王于魯之時 尚餘二百餘年 正所謂其間也 案俞氏此說極

是

二十七日戊辰

閱茶香室經說 袁子昭過我索閱丹經新延全學

二十八日己巳

閱廿三申報云臺灣士民不願屬日本之意 閱逸齋叢說其東遊北會等匯一條 徽蘭宗師已甚之 余嘗申其義說見江左校士錄 送二哥南歸

二十九日庚午

閱御覽草部 閱星南歸徽去鄭氏荀子補注陰騭文記各冊 過飲老所

晚錢仲英來云伊居玉虛角四號千文之一字假觀也 閱俞樓雜纂

星南述六弟場內為同號者所誑誤填名於卷面故未能提復也

顏光敏昭君曲云 一辭宮闕出秦關 長得丹青似舊顏 爲報君王休愛惜 漢家征戍幾人還 沈確士語也詩用意忠厚

梅村贈吳漢槎云人生千里與萬里黯然銷魂别而已君獨何為至於此山非山兮水非水生非生兮
死非死十三学經并学史生在江南長紈綺詞賦翩翩衆莫比白璧青蠅見排詆一朝束
縛去上書難自理絕塞千山斷行李送吏淚不止流人復何倚彼尚愁不歸我行定已
矣八月龍沙雪花起橐駝腰垂馬没耳白骨皚皚經戰壘黑河無船渡者幾前
憂猛虎後蒼兕土穴偷生若螻蟻大魚如山不見尾張鬐為風沫為雨日月倒
行入海底白晝相逢半人鬼噫嘻乎悲哉生男聰明慎勿喜倉頡夜哭良有以
受患祇從讀書始君不見吳季子

直置乃自然之狠見吳鵬峯蕭山公去碑

五月 三十日夏至

初一日辛未

舊有興味孔廟碑一本禹言以曹子建碑易去今復買得重裝成冊其文已云故其隸究部也當未讀的言觀孔廟當特為尚蓋書碑者誤於尚字之下連寫一口（其之末始作當字）旋又加點識去耳非當即當字則本碑當州大都督只以作當不作當也

閱太平御覽方術部　伯聲有信並云此月初五以回來　讀錦文

初二日壬申

復讀興味孔廟碑天懷直置、與正直說見余前子直置猶言正直（又孰云脩置脩置脩正也）神畫妙上一字當是

寫字請家字爾釋　閱御覽方術部　六弟到家

初三日癸酉　有欲雨之意

六弟過我細述一切三兄以策試題為者者王劉書於淇四句學憲評語極好族人呈名題曾者人頗不妥呈名樹滋者人多誠樸　閱四月廿四五六申報狀元駱成驤四川人　敬史君碑云宿裱輕肥萃編以為裱即裝字移置余謂王說是也今人誤裝帖為裱帖案玉篇裱領巾也絕無裝潢之意蓋亦裝字移置因誤為裱耳　王雯為余裝成元次山碑共四冊　御覽工藝部引西京雜記云元帝遣昭君去後悔之乃按其事畫工皆棄市其時畫工有毛延壽陳敞劉白龔寬楊望樊育並同日伏罪今人誤昭君故事獨歸咎於延壽一人以耶

初四日甲戌

午後放学　仲英來爲余蓊敬使君碑　共廿五行　行五十一字

初五日乙亥

過老宬不值　覆校張猛龍碑

初六日丙子

讀老蘇文〃小附通目耕齋制藝中已窠不用而里要而之四句題一篇用今日謝又城非日

謝十城兩謎不知所出今杏老舊文得之　三哥晚到　初四由鎮啓行卻將與二兄相值也

初七日丁丑

三哥禹言俱過我　二兄寄來麥仟桃一盒　縣官求雨

初八日戊寅　晚又霧

午前詣師，師囑為寫非老館，以到塾。寫寄二哥一緘，又與伯一緘。讀東坡

文。張猛龍碑末凡一五由六〻葉下今所記初五也

初九日己卯

孫師家開弔，恭往襄禮。星南於金壇得鈔本李上交近事會元共五卷，此書僅見守

山閣本，而此本或為在守山本前也。借職 禹言之要以常熟丁某補晉書藝文志、錢泰吉

曝書雜記，又丙寅蕘公錄。過霖老，讀〻七粵鼎

初十日庚辰（雨）

前漢石門頌一本，蓬拓尚不惡，印題三兄以中受命，〻命字垂筆甚長，游手取義卿

巖為南山之祝云。三兄亦詒予郭忠恕汗簡及楊鄧處遊箋。王叟為予收風開元寺鐘

録及山谷大字

十一日辛巳 微雨

自裝敬使君碑 改述雲課文 讀蘭之鍾文殘壞僅十字

十二日壬午 微雨

改述雲課文 蘭之過我述蔚如點書周印經費 過三兄論文

十三日癸未

伯韜寄來識叢 敬使君碑裝成 改述雲課文畢 禹言過我送來之款

徵存録係半部 三兄寄來初四日申報

十四日甲申

閱文獻徵存錄卷五 藍鼎元曰土地有日闢無日蹙經營疆理則為戶口貢賦之區廢置空虛則為盜賊倡亂之所臺灣山高土肥最利墾闢利之所在人所必趨不歸之民則歸之番歸之賊即使內賊不生野番不作又恐寇自外來將有日本荷蘭之患不可不早為措置者也 玉霖此論著於康熙六十年

十五日乙酉雷雨 申刻疾雷迅雷耳聲響而過疾不及掩迅逼人不知轟擊何物也

閱太平御覽器用部 曲園襍纂中有讀鹽鐵論一卷共四十七條因錄之

十六日丙戌晴

錄俞蔭甫讀鹽鐵論畢 其未言余桓公之與我秋晉承郡柳三條尤能推本出年有功此書不淺 閱御覽器用部 三哥晚函論文

十七日丁亥

詣丁師請業　錄俞蔭甫潛夫論說　此書乃汪繼培箋　俞多正之

十八日戊子

過飲蘭丈不值　歸寓仍繕之稿　錄俞說潛夫論畢　汪箋據元刻本也

閱初八次中滬報　臺灣竟立為民主國　五月初二日公舉唐景崧為總統　遇蘭丈

晚三兄飲蘭閣霖蓀諸君於青雲堂　同游芬駿甫皆歸來　晚又得臺灣總統

連接署數信　三兄出科業試稿示余　前幅數行已改除之偶擲筆之際

十九日己丑

寫寄三兄一箋　閱雨覓舟車　游芬過我云奈擬至西湖一游以病未赴

三年不辭爲部職正直揚名於州里（此十四字在荊君畫像後不知何代何人所爲也 游兄云荊文已殘 草書亦是）

孫師家明日舉 晚與三哥同往叩奠 遇游岑 融甫詒余北魏造像及宋拓

九成宮殘搨定蘭諸件 晚臨課文三首

二十日庚寅 晚大雷雨

御覽敘車中引漢晉諸說頗可証補司馬彪續輿服志因摘出數十條 讀徵存

錄胡天游傳其禹陵銘二千餘言橫恣奇麗不可有二之作 女李三行表章孝烈

千載後讀之自足之廉頑立懦 豈知陵谷忽尔變遷 惟彼聲華樹爲不殞 先生

貽友人書中語 敬以送贈

二十一日辛卯 午後雷雨

伯屏自興來　游岑瑜襄蒼精舍招飲　坐有趙君香杉及蘭史李慶默甫次雲星甫暨

吾家老崇　夫婦當下午至晚迷一切　閱十四五等日申滬報　十三臺灣民會日人已於登岸矣

訪

二十二日壬

錄胡天游禹陵銘　閱之秋徵獻錄卷五畢　十六七八等日申滬報云臺北已失

二十三日癸巳

閱徵獻錄卷六　彭任字中叔號禮堂　嘗語任曰人相居恒見其己忘其己則日嚴　君子居惟見

其人忘其人則日親　是故相忘於無時則群　忘於無時也　愛之一毫　思以自貽　使不窺見之毫矣

至于以之患　是不可懼之者

二十四日甲申午

讀胡稚威駢體文　伯韓詒予彭甘亭所輯南北朝文鈔　偶出叩之雨過蕉添綠

青琳岑以風吹草又青對新變化之唐律可喜也

二十五日乙酉未好雨　夜夢至浙江書肆買得洪頤煊讀書叢錄辰

孫師云二十日安慶楊家遭火叔唯貞節王氏服物之類悉於此足徵天道

韓昌黎試大理評事王君墓志銘云鼎也不可以柱車者柱子實字虛用苟子勸學强自取

柱與柔自取東西把之實字虛用也讀書襍志必改為取折似非

二十六日丙戌雨

閱文獻徵存錄卷七汪容甫所為文真詩漢魏六朝神髓者　禹言過我

六書轉注說以許宗彥為最允　二兄信云代買縣志一部

二十七日丁酉　夜雨至今晚不絕　鄉農以生樂可占矣

閱文獻徵存錄卷八

二十八日戊戌　雨

閱文獻徵存錄卷九十　此書錄人詩篇多於文條因求藏湖海詩傳等書

過耿甫讀漢魏碑　萊子侯石刻　華陽未收　續編有存條四字

二十九日己亥　雨

麻王釋裴岑紀功碑兵字為古文兵　據徐儀以康韓　讀丹陽縣志　為光緒十一年凌焯

續修　林福源總纂　巴里坤為漢蒲類國

三十日庚子　夏至　雨

閒蔡君雨亭說音学　閱太平御覽器物部

貴館居金谷閣高陽叢街冀君見畀頤郎向光景佳　高階既澈澗廣閣交交

柯蔦中久乘角菊徑簡佳趣　此二篇見廣王山集卷甚齋詩也

後五月

初一日辛丑 雨 閱廿三四五六等日報臺灣亡事好消息

寫字函二哥一緘 閱太平御覽布帛部 臨般若經馳甫云此北齊碑也世皆宗為晉碑

雨後偕蘭丈觀溪頭活水

初二日壬寅 雨

閱御覽百穀部 補鄭君紀年兩條 讀說文篆韻譜

初三日癸卯 雨

昨夜夢見星甫論文甚愜今晚到塾卻喜馬公樹下見之年來寤寐所遇往往兩驗

蓋醒一世界夢亦一世界抑醒時為夢夢時為醒耶 三哥過我

讀庾子山詩及樂府補正倪注一二事 閱御覽飲食部

初四日甲辰 雨

彭甘亭輯南北朝文鈔 與李申耆駢體文鈔所選多半相同 閱御覽休徵部

初五日乙巳 雨

游岑指游北郭別墅 上午隨孙師星兄三兄乘舟往 入門正堂三間 堂左右有亭 左曰閱帆 瀕大河也 右曰懷岵者 子瞻墨蹟墓之因也 亭西角一璁名說別四瓌繡錯兩係新插禾也 小坐清話 寸塵不生 李月既上 桐陰在地 日處叢市中無此間之樂矣

兵謂之兵 持兵者亦謂之兵

初六日丙午

閱御覽咎徵部 鬼神部 左思蜀都賦初有鬼彈句後易去之 蕉葉比得快

雨新綠油然可愛

初七日丁未

閱御覽鬼神部 讀南北朝文鈔 裴子野良史之子 陳白文段澤西域圖攷

初八日戊申

閱御覽獸部 郭璞有犀贊駮贊

初九日己酉

初十日庚戌 晚微雨

詣裏何精舍為浙岑作生日觴聚一日

十一日辛亥

伯鴻既去，曹君直來議。二兄寄來臺灣土種書信

十二日壬子

聯甫過我。連日疲倦殊甚，未能讀書

十三日癸丑　十四日甲寅　十五日乙卯　十六日丙辰　復二兄一緘

是日應謝宜甫直夫之叢趣

十七日丁巳

啟宗言新得之錢泰吉曝書雜記，閱之，因錄其文選注例一篇。聯甫過我

閱御覽島部。改定重謀文一首

十九日戊午

說文六書五龍追宗空解 疏文云劉菁某友曾氏作通段於事因以矛字象形說之

惜其稿已失 僅記大略如是 跋詳文三首

二十日己未 大風甚涼

以風歘未到館 閱師鄭堂集論五峯禮說篇及黑水考證之辨最為精審 詩郭

義擇例擬重修四庫全書條例修書芻議三篇亦極閎括 閱御覽獸部 蟲豸魚

富壽二哥一緘託購讀書叢錄

二十一日庚申 早微雨旋霽 閱五六日報 吳大澂開缺另用 夜分大雨一陣

閱御覽蟲豸部 此書為卷千為部五十有五 其中古書逸說古義訂正者所自皆是 其首見

列引書目計一千二百九十种，亦詩歌箴銘等不[redacted]及其餘，亦可謂浩大矣。

二十二日辛酉

二十三日壬戌

閱鄧顯鶴玉篇札記一部。天竹五切，沈道寬以爲北方讀翕歎嘛，是因天印切之轉聲，篆五答。

從公有章卿以爲亦非之省，是也。玉篇用許書部分而累見增更。

二十四日癸亥　雨　滬報載蕭關索洗恥寓言

閱玉篇札記末附引證經傳異文，亦有裨校勘。　二兒寄來廿一日手書，於臺灣之捷詳細情形。

楊少雲丈信到　三兒午刻來，擬會課諸　玉篇札記中引錢宮詹說甚多

二十五日甲子　雨　申報載安陆及六合出蝗

讀左思蜀都賦綦毋邃有三都賦注隋志云今亡前閱御覽引鷫鷞一條其說與劉淵林注大同小異

寫復復元一緘

二十六日乙丑雨

讀吳都賦扶尚犍即扶老藤後漢書馬融傳云融欲訓左氏春秋見賈鄭衆注甚精博遂不

爲今集吳都賦組甲被練騄驦下引馬注五條是融注左傳固自存也隋志不著錄

二十七日丙寅雨

讀魏都賦左思別有齊都賦太平御覽九百六十引膝火之木衡水之艸云云閱苗仙麓說文

聲讀表其第六表庚下收兵字曰古文庚聲益知余與霖老前日談裴岑碑兵字

爲不繆矣

廿八日丁卯　伯聲回輿，晚至馮家送之

二十九日戊辰

閱公車上書記，康祖詒主稿，措辭意未得竟工。讀曾公文十首、駢體文鈔箴類十首、揚雄太僕箴。

廢禁開人仲尼京魂，武億經讀考異以為從釋文一讀，所本非也，擬為詩以正之。

六月

初一日己巳

過三兄及禹兄所　章風七夜之詩是周厲黎民所作詩中稱王稱周王也禹言本雜志錄注當之曰

春秋時集未補王　校後漢書伏湛以下諸傳

初二日庚午

校後漢書　寫復之兄一緘　閱武億經讀考異

初三日辛未雨

校後漢書馮衍傳　讀騎都尉鈔　隸釋袁紫類驤官詩注佬臚知來

初四日壬申雨　金星與月同度

初五日癸酉 大雨

校晉律書列傳 讀騷文諸書類

初六日甲戌 天氣轉熱 至十八日立秋始稍涼

初七日至十五日皆無 校花書一卷 前八冊畢 讀從三兄假得八冊

十六日丁亥 立秋 夕雨蕭颯有秋意

潘某送來舊碑善搨 拓漢楊淮郙勳尹宙受禪及魏碑並雜其漢中全搨外

叔麻赤翁之 讀尤西堂明史樂府一過 遇三哥 寫潘二哥一緘

十九日戊子 大風雷雨

潘某又有北魏寇謙之碑及清澗皇六年高平縣造磚碑此二種王蘭泉萃編皆

未收溼碑剝蝕存字不多詳視之乃嵩山石刻而畢氏中州金石記亦不載此碑何也

讀西書外國竹枝詞

二十日己丑　涼甚

讀北魏司馬景和夫人墓志銘萃編評其書法如散僧入聖良然克靖刻法殊兩讀書錄快閣之比

二十一日庚寅

讀兒一檝　錄法眼燈苗子說　鑑蓮之涵西枝香白可愛　閱讀書叢錄

申報載寶山縣丞江都縣林保於前晨自作古昨又閱徐鹿卿述興化縣劉心仙事

二十二日辛卯

吳氏言碑所在，全本訪碑錄

閱吳穎芳輯《篆學備纂·金石類》，載中岳嵩高靈廟碑有陰，文多述寇謙之事，當立於太武帝時也。又云孫星衍記立於太安二年，寇謙之後石書，在河南登封縣。又隋開皇六年仲思那等造橋碑，在山東鄆縣，碑有側。按此則此潘某某兩碑少一陰一側，非全搨也。

二十三日壬辰　校後漢書一卷。

二十四日癸巳　太白晝見。

讀鄭君詩譜序。校後漢書一卷。溫荀子成相篇。

二十五日甲午　校張猛龍碑。

二十六日乙未

切記切記

讀郭君詩譜　尹宙碑云文則作頌武襄於純二子著詩列于風雅　玩文是

兩尹吉甫長之美改　據某嵩山寺碑多於王本者十一字是徵生揚之舊

二十七日丙申

二兄貽書規予云搜古遺金非已用才也　噫予之不聞箴戒也久矣　年來留心金石之攻讀

經讀史之謝之為頹廢者據名曰好古實則無用耳　微兄言予幾終身迷而不醒

矣　母親以受暑不適　請楊之芝診　用紅酒法服一帖得汗稍稍解

二十八日丁酉

溫荀子解蔽篇　是擧之蔽即所謂賞鑒之蔽也　讀文選京都　閱西堂雜俎

二十九日戊戌

讀三公山碑初四年上諦視是元字衢州張德容金石聚語是建字恐非乃來道下是還字即要字也不知萃編何以釋為叟惟三公上一字諸家缺釋今案是洪字蘭不行上一字諸家闕釋今案殆是饋字又殆是供字其左旁作易案攷

讀唐邕寫經碑碑云寫經始於天統四年迄於武平三年書案碑亦建於武平三年矣此碑諸家皆不箸錄其頌見金石備纂是北齊晉昌王唐邕題名末云年月在山東鄴縣此碑或在山東張碑是云於鼓山石窟之所攷太平御覽地部鼓山下引冀州圖經云鄴城西北有石鼓鼓自鳴即是兵興魏都賦云神鉦迢遞於高巒是也高齊末此鼓鳴未幾鄴城有兵而齊滅據此則當日於鼓山寫經或亦厭勝之意而卒國歸於書合同來會身觀之亦可悟佞佛之無益矣

七月初一日 初四日處暑 二十日白露

讀曾文正文十首 閱西堂襍俎 張少元信設朱佐聲述臺灣與英美各國前日開戰一次劉軍大捷燬洋艦五百餘隻之多 不足據

初二日庚子 申報言鎮江至天津創造鐵路之說

縣課來作題為可以寄百里之命二句 三兄過我 母親同母舅晚舟往真

閱西堂襍俎二集 二孺人病連日延林文診 用車前秦艽青蒿

初三日辛丑 東北風自東至真當順帆也

讀曾文正文十首 閱西堂襍俎算學會約甚簡當可行 閱古文選紀行 作札復二哥 六弟午後至

初四日壬寅

讀曾文正文十首　閱常熟丁國鈞補晉書藝文志　閱學政脩韻類

初五日癸卯

奴子自興回云母親次日去抵即繕稟交舟遞去　讀曾文正文　松亮書外傳

初六日甲辰

讀駢體鈔牋牘碑誌兩類　從吊元所假來寰宇訪碑錄閱之乃知吳穎芳輯金石

備纂全用孫書　閱田雯禪祖之集其理氣集成序云神農之易名人因之名連山黃

帝之易名人因之名歸藏連山之過歸藏土也山雖高坂風有時而脈厚坂水崇高其風

水之旺爭

初七日乙巳

校范書列傳鍾皓以後並未校　閱西堂雜俎三集　致俞生々兩首

初八日丙午

讀詩大序　校范書列傳　三光跋荀子雜志三本　閱史晨碑　康成下題廿亨二字

王氏萃編缺予今所見本洵舊搨也　素碑帖王翁携來者

初九日丁未　大雨竟日

讀駢體文鈔　彈劾檄移兩類

初十日戊申　小雨

飯後畢送一帖來云昨日已課題爲過宋而見孟子至復見孟子走筆成之不計工拙矣已

刻文志　卧藝不是一生而還　讀駢體文鈔　書類　臧洪與陳琳書　身修國家日校家

一作家校國　亦作身若國家　李氏駢文鈔作身篆國家

十一日己酉　晴

讀崔子玉坐右銘　以昨日課稿呈孫師　正云此文甚佳　弟恐伊人不解耳

十二日庚戌　雨

黃仲則咏項王云　何逢鬼如揮餘淚　自是師兄何替人　下語未經人道　讀駢體文鈔　對

策類

十三日辛亥　大雨

讀曹文正文十首　閱駢體文鈔奏事類　校沒藻書

十四日壬子

十五日癸丑

丹陽門斗來信云昌洞陽丁振鐸缺三兄以次當補　夜來腹瀉　終日神倦　獅師及三兄晚出繼談

補食　母親自吳傳來手諭云勇兒偶中風之恙現在為之助理各事回東須緩少時也

十六日甲寅雨

早到亮與一織弟舟亮云　書院課題子曰禮云禮云一節　紅葉落疎林國秋得秋字模

叢

十七日雨乙卯

陸昨寫弟去　諸弟文正文　寄陸楊少雲一緘函三兄壽辞青

十八日丙辰　大風

讀曾文正文畢　閱西堂集　孫志祖讀書脞錄又補郭璞爾雅圖贊若干首

十九日丁巳

閱駢文雜頌贊箴銘類

二十日戊午

閱駢文設辭類　讀李義山七律　檢後漢書

二十一日己未

閱駢文連珠類　檢後漢書　向買李翕西狹頌與五瑞圖今日於市上以錢二百得之

過蘭畦蘇孫兩君皆未值

二十二日庚申

讀李義山七律　閱駢體文鈔碑記墓碑類

五劍車聲隱若雷，北邙唯見冢千堆。夕陽催客登樓去，山色昭秋繞郭來。文甚工矣

修竹倚愁多思買，白楊栽。金家都在秋風裡，九月衣裳未翦裁。黃景仁詩也，孫星衍謂值二千五百

二十三日辛酉

校後漢書　閱駢文鈔誄頌類

二十四日壬戌

閱駢文鈔序論類　寫與信一緘　晨課李氏將作點案至七月十三日遍自校一首

二十五日癸亥

樓居漫書 過歐蘭所 閱駢文鈔議論進類

二十六日甲子

閱駢文鈔序類 也書卒業 爲吉逸我雕信

二十七日乙丑

母親因與同左兵部羌毖不適到家後上燈時又復惡寒身熱二更時汗出始痊

穌

二十八日丙寅

謹譔文爲母親診云因着涼而病化爲秋瘧用開提法 莫藥即止以腦次稍寬

二十九日丁卯

樊文德診用藥方

卅日戊辰

讀金剛經第一分云：世〃了〃着衣持鉢入舍衛大城乞食，於其城中次第乞已。余謂此二乞字義當與施同，布乞且與義，乞食即施食也。不然，黄金布地，佛乃與千二百五十人俱，別供養已足，何煩持衣鉢向人家討化耶。且彼千二百五十人俱者，正以舍衛大城非供千人所能布施，因結故與之俱也。今日和尚奉此來衣鉢募緣求化，屯刈張角所稱五斗米道耳。此寔姚太守家語。

八月小建乙酉

初一日己巳

讀金經，佛教原於東漢以後，故多取章句之說，其云應如是住，如是降伏其心，即孟子勿忘勿助長之說也。往所云是[illegible]亦是指實也，全經是佛家真實法門，蒙[illegible]作者（所說甚是，經云如來是真語者、實語者、如語者、不誑語者、不異語者，真實顯言是也）

初二日庚午 字字真實義

初三日辛未

母親是日瘧未來 與他來信云萬婦之恙稍愈

初四日壬申 秋分卯日

母親是日瘧又作 林之廷診云已轉陽明，用疏通府氣法

初五日癸酉

母親病退，仍不甚思食。孫師函云縣課當案前所作處第一，孫師處不遞等。

初六日甲戌

寄寄兄一緘。閱讀書叢錄。吉齋自肅回過我。

初七日乙亥

初八日丙子

縣課題配義與道，名是餒也，是集義所生者。按孟子此兩節，當是敘養氣之功，言氣必配以義，是氣之義，則氣餒矣。與道猶言以往也，非配義又配義道也。下節另言義，承上配道而起，配義以往即上文自反而縮，雖千萬人吾往矣之論義。故此乃與下節皆集義說。

生者亦一大氣貫注小兒不憧於劍館矣正以申明長長之館也三段而館字亦相呼應

惜書院作文不能暢發議論且題又割截不完僅隨便作一篇繳去

初九日丁丑

校後漢書文苑傳　閱五代史梁唐家人傳

初十日庚[戊]寅

校後漢書文苑傳　禰正平鸚鵡賦亦甚明保身之義而嫚罵速禍其殆是狂疾與

十一日辛[己]卯　雨

校後漢書獨行傳　錄亭林與李子德書

十二日庚辰　午後急雨一陣旋霽

校後漢書方術傳許子馴疑即薊子訓范氏兩為[redacted]之傳似誤 讀放翁詩其君國之念未嘗一日去懷也遺世亦未希獨立刺天不復計群飛

十三日癸巳 云千

寄畬二哥一緘 校後漢書列女傳姊先雄定是雒字之誤証以益部耆舊傳雙道上張帛之語可無疑矣王伯厚以為當作姊先絡非也 晚接二兄初九手書并劉鶚上恭邸請辦鐵路章程其意專主商辦於中國各六道經緯各三先從京師至江南之東經道辦起其原稿中尚不敢背國家養路保息之費且能為国家籌壽添兵置械之資云、 梅[redacted]光緒六年劉省三曾奏請開辦俊以[redacted]料參議力辯其不可而止傅蘭雅鐵路紀略又為論以駁之

[redacted]史事學究非治中國要務

十四日甲午

校讀漢書東南夷列傳 午後休沐三兄過我快談一切

十五日癸未

過白石見江都汪氏三世所藏隋龍藏寺碑 其末張公禮下那是之字諸家或以為

樓字或以為書字皆誤 白老因檢此碑本是張公禮碑主書僧為寺主碑即用張

公禮碑石磨去書之故碑中尼曇四種石之譯名張公禮皆換姓名遂因其舊混將

於碑末題寫之其古人忠厚之意也之下闕字不可知然斷非樓字書字矣 日碑中

譌作鎬 可証前子

十六日甲申
校後漢書西域烏桓鮮卑各傳 三兄過我
十七日乙酉
十八日丙戌
書院課題陽貨欲見孔子一節撰一篇
十九日丁亥
伯鴻遣使還來曹孟集稿卅八本前閏月十四日由伊僕借去是卅一本今少去三本即書
一箋屬原使往詢 讀荀卿子
二十日戊子

伯鴻晚來云曹寅寅先去三木家細覓屋則云藉燭還也

二十一日己丑

魯論始學而篇終堯曰篇荀子始勸學篇終堯問篇因悟魯論之學出於荀子季

氏篇言未及之而言謂之躁魯論躁爲傲荀子勸學以篇作終不問而告謂之傲荀卿傳魯

論尤其顯證亟以質之白者白老亦大快謂此可於荀子傳詩禮易春秋而外又得一

荀氏論語學矣　寄二兄一緘付馨一緘

二十二日庚寅

二十三日辛卯

校讀漢書律麻志

二十四日壬辰至二十九日丁酉

此數日皆為俗子所揶揄之境，雖編述荀子魯論義，適成窮愁著書，殆有故與。校續漢書禮儀祭祀兩志，尋盧植禮記注八事。作角云荀子魯論義當改名荀子魯論學。

九月

初一日戊戌

禹言夕亟即求其審正荀子魯論義

初五日壬寅

以荀子魯論義草藁就窳丈及星南正焉

初七日癸卯

校續漢書天文志太白晝見占爲强國弱小國强女主昌今年曾有金星晝見之驗天文家說未可厚非

初七日甲辰

蔚如自京師回過我述一切

初八日乙巳

詳卿招集閱帆亭共論時事嘆當代無管子商君其人者有則天下不足為也

予謂治今之天下當以孟荀為體管商為用庶幾一貫之道

初九日丙午

三兒食餅之喜讌客四席[redacted]

[redacted]

初十日丁未

前夕由夏莊泛舟回雖受風露稍重以昨之酒食遂覺騷騷已惡寒意禹言過我

適病臥未能睡言

十一日戊申

頭痛神倦　祖妣忌日　閱陸游詩鈔

十二日己酉

寄二兄一緘　蕭蕭暮雨靜對黄花憂從中來不可斷絕作咏菊四首以遣之

舉[illegible]古狂殊姿散[illegible]倚斜陽　了無言語成蹊[illegible]闕老才　不才而寒

微[illegible]空非空處懷久韋　臺居莫漫悲愁谷宋籬下幾人更斷腸　野菊

[illegible]難高驅儈贅說慕陶未必薰蕕真共臭郤淫枝葉設吹毛[illegible]

[illegible]風雅才世[illegible]多情愛錯刀[illegible]　市菊

寸土能蟠大地秋理根鐵節見真修風霜誰禁休伸脚霜月天高議舉頭 白屋要

非關棲穩朱門若向戰山邱泥塗瓦礫儒生分解組何嘗為替鄒 盆菊

竹籬柴几共華叢似出安排非境叢仙於此秋又三益交不風剛到西祥天禮仍素

膽瓶當代常把朱顏[redacted]夕鮮一囊筆塞風雲裏好為凍芯伴檢歸 瓶菊

十三日庚戌

過寫丈見其新裝諸碑搨精緻絕倫 昧讀[redacted]君撰述以慕其人推服語

贈之云以筆家法張三世鄭所雄談七九州

十四日辛亥

二兄寄來一織芷中報等 喜庵南已有議論之信 軍需後總難質者未能為也

十五日壬子 風雨

讀劉逢禄公羊釋例其叙有云鄭衆賈逵之徒曲学阿世扇中壘之毒焰鼓圖讖之妖氛遂使羲轡重昏昆侖絕紐 讀五代史晉漢周家人傳曰梁唐傳首云仕不及二代者作梁唐晉漢周臣傳其餘仕非一代者作雜傳夫入雜傳誠君子之所羞而一代之臣未必皆可貴也歐公此論可與觀古

十六日癸丑 驟寒午刻大雪至夕始止 前日詩及冰雪今果然人心之動天亦應之也

山長課今日各生之指示刘知恩之帙一書 雪霽月出碧天如水因念歸臣閣帆亭上光景當更十倍前來游者題志今緣意所涉補為亭銘并序

光緒[illegible]乙未冬臣[illegible]亭於其東偏[illegible]觀[illegible]即移神皋因基[illegible]

蒹葭蒼蒼可鷗可鷺離鱣鰋鯉以高以祗邱龍左磧雪湖臨渤渤表平堤面對風泛泛

者澤澤洗滌人心矜矜學叢樹萬蓮元亮之陶紛垂五柳西疇如迎夏背秋涉冬艸樹荄

其葯暉煙濤流其漁色歷歲窮聯戶牖不異登臨升降階墀已窮歷覽者也顏

四閣帆者盧宅此之見水以觀浮生泯之於海不繫于艣舫舟過而繞景睹移臨之上君

管氏聽中瀲之聲擲莫先祖生是以勝構式槲英儔畢萃請勒未厭勝以耀之

高春眺知中之島庭前物儀每宜十春相過眺愧希御青備九能相君爰為銘曰

鬱江以北維海之東萬疇農服五畝儒宮層煩綠滋關明牖聰天迥雲表大千芥中摩

帆往還不可凝止薪並潮逆怒隨風使逕商棋遂恍忽濤流仁靜曰觀智樂宜遠喜地蓋

圜精義備而羲雷穀電碻陰雲陽潮澄其淺深之故叔苞居經訥齋孰維吾林[redacted]

[redacted]諸葛君慶徐孺子宅林炯雅遺[redacted]木[redacted]苐不匯渺渺徽波穩桂之庠

二十日

校錢洋書五行去　閱光緒丹徒志金山本名氐父山焦山本名譙山

二十二日　立冬　天氣甚和　與十六日晝舫回別

遇飲者知縣裡桌出示第五荊山長課文題目

二十四日

贈味儒山徽墨一匣因為銘曰默而志移此庵其文蔚君子占

二十五日

校國志[redacted]郡國志以兼取門諸舊志地理之名不可改爲郡國乃據志司隸矣 諸公筆之義疏

寄伯耆一緘 附去文選十冊

秋帆秋賦前日野菊市菊二首云東賦全秋乃氣真冰霜和解耐洗風塵聊隨荊棘叢中隱

本是滄桑劫外身白頭何以猶爲佯黃金撒手不言貧長論說兩逗年華老事母不妨共此人

似曾見有兄弟云諸君隨去圖入朱門知是原是清高累何償聊借瀟灑悶身米折腰閒請節

原刀崔吟卑青扔原身莫處苦聲原緣去沈湘賦之魂

二十六日 校續漢書郡國志 郡國部之春秋未失之信

二十七日

二兄寄來九月廿二日手書即復一緘又附匯去城守券 臣襄首精舍公邀請如

二十八日

讀公羊傳　校郡國志　母舅回興，以子印寄一緘，附書兩頁

二十九日

讀述書課了　聞李吟伯述春濤絕無敢耗，蓋其春北並為劉潤亭所收據之說，果爾則此天之福矣

三十日丁卯

校郡國志　讀公羊傳

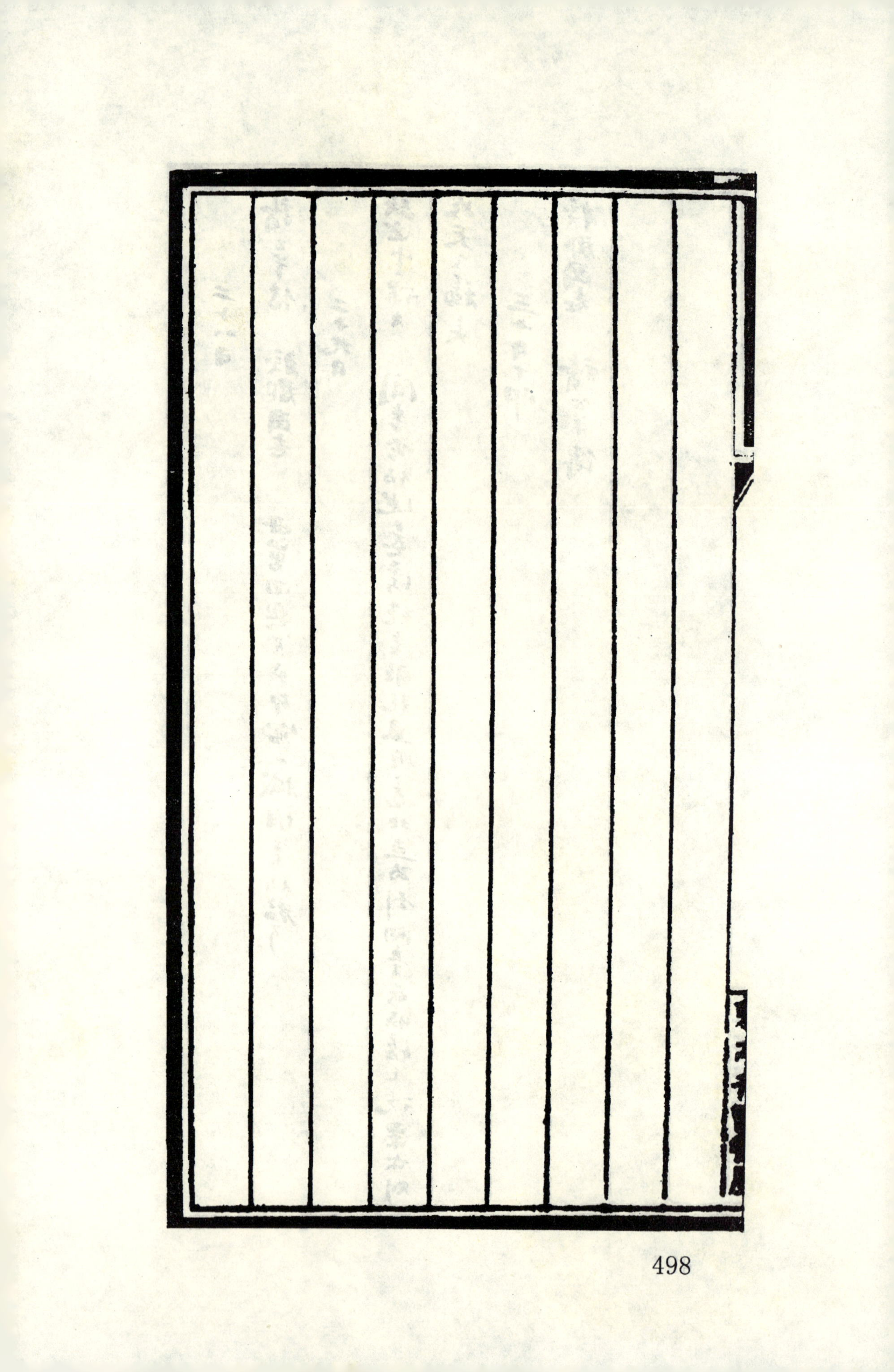

十月小建　初六小雪　二十一日大雪

初一日戊辰　校續漢書郡國志　讀公羊桓十四年何休注引礼天子親耕東田乃知礼記王制稱今東田云者非漢初齊魯儒者語也王制非漢人作何也益驗　過陳霈丈段來康君撰述大要說國所以富疆政六經因粹凡古文之學皆其一手偽造所論甚核然並許鄭大儒之置於獄何其少過

初二日　過蔭老託其由秦州便購書籍　校續漢書郡國志

初三日　校續漢書郡國志

初四日　過游參段來康君試策等其試策君云方今當以開創之世治天下不當以守成之世治天下誠中窾之論　校郡國志畢

初五日　校續漢書百官志　義門云此志最優　錄康廣夏禹言書稿

日報記京師新設強學書院倡其事者即康君也　元來信云晤劉政楊仲

初六日　讀文中子一過　漢有七制之主乃王通語也　向校范書義門評語云七制字不得其解今始明之　校百官志

初七日　校輿服志後漢書卒業

初八日　五弟嗟喘舊恙九月來頗發甚至不能安臥　招袁蓮仙診之用苓桂术甘湯稍愈　讀張景岳類經錄　游岑過我暢論一時許

初九日　讀內經靈樞　經東漢以後人偽作於所述者因漢以前舊說也

初十日　讀內經素問　知靈樞所謂三焦之間五焦之間諸焦字皆椎字之誤　今世人居所謂

無不歸經者，據靈樞經語之奇邪病證，則無不歸經之人，即奇邪人也。後著經國司天本

十一日　作一札寄伯聲。讀內經素問。閱曲園雜纂。

十二日　素問甚古，當在靈樞前。而後書目答問稱以靈樞經爲晉人作是也。夜有雨。

十三日　讀史記越世家句踐不稱霸王

十四日　寄二兄一緘。讀史記始皇本紀，結語云項羽爲西楚霸王，主命分天下王諸侯，秦竟滅矣，是秦滅於項羽，非滅於漢也。故始皇本紀後即次以項羽本紀。

十五日　伯聲寄來一緘，云近讀史記，惜出假守騰即內史騰，按梁曜北史記志疑之是此說。伯聲初讀史記，其精敏已不讓古人，充此實事求是之義以爲攷核、詞章、義理，所造未可量也。即作札以有善之。　顏生幼蓮自鎮江來晤談

近緒頹弛，力振輿地之學，不講詞章騈體，實獲我心。今日得兩快事，何聲

之書、幼蓮之論翻經來集，友朋之樂不可知也。讀書鼻隱性書

十六日　雜經閣諸子錦撰爲鄭趙氏刻本，徐康林園與化某贈予一本，其示論釋

難簡要，内以古本正今本之誤，如古之難今誤列六難，古十二難今誤列七十五難云云，皆可

信。惟注解之進乃在而多雅語之佳，即睡霧服因體會之一層，殊爲大謬，不能撒

出論以正之。

十七日　讀五遣曲水詩序，知漆書爲祖紀義年之誤。遇禹言論文。

十八日　見孫師及季吟伯論晉賦。作舟禹言常如次第，夕飲省共鵲論作詩

易理精闢者倫，令人大快。

十九日早微雨　讀史記扁鵲倉公傳及三國志華元化傳所謂麻沸湯即孟子引書稱瞑眩之藥也　撰三焦考實一首

二十日微雨　讀史記與益予眾庶稻　今本書作暨益奏庶鮮食　因悟稻有鮮義　即是鮮魚之鮮言之　江南人呼稻為秈　即其明證　而穀梁傳吳人謂稻緩　其理不煩言解矣　撰吳謂善伊稻緩說一首　澤岑許送來陳修園醫書四冊

廿一日微雨　吉齋招飲　坐有蘭丈孫師顏生　揚州課試詩古題為鄭當時置驛通賓客賦以任俠自喜名聲聞梁楚為韻　偶論首段任字難穩　因漫擬云　不是盧開東閣　[illegible]　識行相推周任　為榮宗說卞莊刺虎事　言徒勇不足恃　榮宗忽悟曰　此論語所以云文之以禮樂也　又為　[illegible]　說王濬至建康受降事　忽又悟曰　此建

康印前日所說孫策據江東之建康歟舉一反三吾兄將來或可與於斯道

廿二日 雨 東北風 轉寒寒晚霏雪花 讀蘇子瞻上皇帝書 自閏五月後申痛免

報隨看隨置叢襍殊堆今日假暇命棠宗排比比分閏月至九月為兩束

廿三日 寒甚 水始冰 寫一箋寄改之兄 又一箋致伯韓 皆於今日發去

廿四日 禹臣過我 共顏生六弟茗話 閱戴子高論語注

廿五日 讀讀藴文 增長筆氣不少 程蘭丈送來江省列女徵詩啟

廿六日 穉師命擬自柬文一篇 還禹臣

廿七日 畢俊民自泰州來 留共話舊 比次纂試真草 蓋聞其弟之喪而遄回也

廿八日 元晃伯韓來 晚發家信函

丸目　讀穀梁傳　穀梁魯學也　魯論語即穀梁學也　丸南齋云　春秋成人之美不成人之惡　即魯論所稱君子成人之美不成人之惡　又云　春秋貴義不貴惠　以引小惠曰小道也　論語言不及義好行小慧　魯論讀慧為惠　正與穀梁合　由此推之　凡穀梁家說之關通論語者　是真魯論舊義也　前纂荀卿魯論義　今得此益信　穀梁作傳之如卿　楊士勛　穀梁親受子夏　唐徐鈞(?)亦決稱以春秋屬商　而論語即為子夏仲弓合撰　然則穀梁學春秋　根穀梁並魯論而未嘗異也　二千年來魯論之真不復可見　今乃因讀穀梁傳而得之　此誠聖人之道之不容湮沒者矣　特錄記之

補注子夏所傳之孫卿

二兒　足信　即作前信寫復

十一月 初七冬至 廿二小寒

初一日丁酉 讀穀梁傳 俊民過我

初二日 與三兄共邀蘭之 紉師 杏慶 俊民 游莘諸君在西宅午飯 飯後過作舟不值

閱方東樹漢學商兌 書林揚觶

初三日 作一乘政伯聲 擬江甸如之晚書後一首

初四日 禹言過我 論穀梁義 讀尔雅 遂出其右而還之 畫云乃知穀梁信是畫我也 論往今如至兩畫皆不義

初五日 父親來家祭祖 下午時忽吐血十來口 亟用古墨磨汁沖服稍愈

初六日 邀袁蓮仙為父診 云冬至陽生肝經氣火偏旺血隨之而升 用平肝降氣磡

疵等藥服之，咳血漸止，竟夜未作。

初七日 冬至 父親壽辰，慶祝如禮。 讀穀梁大義述

初八日 邀袁蓬仙為父親復診，仍主前方。 讀穀梁大義述

初九日 閱丁晏詩考補遺，知魯詩出於浮邱伯，浮邱伯為穀梁再傳弟子，魯詩亦穀梁學也。 擬論語魯學原序一首

初十日 游谷松飲，坐有祝子雲、陸雲衢、星石、禹言諸先生，子雲精算學

十一日 讀公羊傳其諸，其諸為齊人語詞

十二日 為嘉興屬代撰江貞女題詩

十三日 父親復咯血，仍請袁蓬仙診，服藥二帖愈

薄暮微雪

十四日　過三兄論詩　寫書贈六弟喜聯云夫婦和而家道順娣姒協則子孫繁

十五日　讀公羊傳多讖緯之說不如元始君書也

十六日　陰陰有雪意　送六弟泰州迎娶之行　閱困學紀聞穀梁類

十七日　陰冷有風時或飛來雪花數片　詣孫師未值　讀論語述何益知公羊為青論所出

十八日　舌邊破痛甚言多亟不能多談殊以為苦

十九日　寫一緘寄佰贊

二十日　六弟喜期　縣課題大師摯一章　孫師以聖人不忘師友作主

二十一日　早起草文一首送敵老所　二兄來初晉手書即寫復明早發

二十二日 閱文史通義

二十三日 連日和聊齋詩 閱文史通義

二十四日 閱文史通義 隨孫師游南城一帶 居高視遠 情景廓然 晚為孫師茗談 適三兄亦至 共話竟夕

二十五日 曉霧甚雪朕與 晚大風 閱文史通義 讀穀梁傳 春秋大義與正而不與賢

二十六日 大風 閱曲園經說 大兄自京師回

漢仰蕭氏語醬醢一瓶 因作七絕六首以報

枸醬由來歸蜀中 相如才調更豪雄 西南二萬天教並 不藉人間金傳工

九月團臍十月尖 魁材造製日最精嚴 空之自信冬腸胃淩襟往今著未嚐

甕裏春秋排不破，回頭滄國記橫戈。將軍神武全無用，調鼎功夫只主和。

馬遷貨殖傳云云，千乘千瓜比校勤。勤勤中生聲成一嘆，少年公子老封君。

嘗將江湖都棄身，不因淫飾損天真。文章縱古橫行在，雲漢詆白妨駭人。

平生蹤跡慣東西，入甕看君爛若泥。我讀南華經正熟，為求同調只恐孤雞。

二十七日　為舅爺共徐丈步洲茶話。

二十八日　昨晚受風，曉起殊覺不適。讀桂未谷晚學集。孔憲彝後序云：詩疏廣韻、爾雅諸篇，駁正尤見精覈，惜才一論，則自道學力，透拔後進傳志諸作，則氣體古茂，非浸淫於三代兩漢未易臻此也。夜雨。

二十九日　雨。頭痛不適。讀章大來後甲集，云：古今以詩文醫之病者多矣

雷峰峰塔太子塔

三十日　服蓬仙叶一剂，恶寒愈。戴生来问文题。

王陵续刊见　庚戌三年纪　辛亥三年纪

十二月丁卯朔　初六日大寒

初一日避風靜坐　誦金經

初二日　孫師函云今年書院年課矣　寫寄二兄信去

初三日雖不畏風仍不甚思食　閱沈濤銅熨斗齋隨筆

初四日　雨雪　閱沈濤隨筆

初五日晴　午前後飛雪　閱沈濤隨筆

初六日晴　閱鍾山札記　二兄寄來三十日手書及強學報一本

初七日　孫師函云大師執手課出案丁錫時　蔡濤皆超等　閱龍城札記

寫漢碑四本　復二兄信

初八日 閲胡天游春秋夏正其意謂終古皆夏時也商周改正之說出於緯
書不足據攷辨極精
初九日 閲春秋夏正 子秀老招飲僕病未能 之先晚過我云六弟在京
姊近日平安
初十日 閲鍾文烝穀梁補注
十一日 讀穀梁傳 閲孫星衍平津館藏書記
十二日 陰雨 邀孫師蘭丈談一番茶話 孫星衍廉石居藏書記真誥一條云抱
其書記神仙降形書寫歌詩之屬如近世所謂扶箕降仙書者道術小蔽於
役鬼物之或召之所云仙人名目皆寄託也人陽也而扶於陰乞致福之道昭鄭

鄧以家貧出除仙抉其父出信之其父以仙人責遇其出温體仁附託其罪不得逞
以告司寇鄧以通父杖出羅於刑天下寃之抉其之辨如法子不畏與
十三日風沙蔽天晚有月寒甚滴水皆冰　三兄來閒談假去鈔诵駢文一本
閱王叔和脈經
十四日晴冷　張翁假襄芳精舍置硯生民孫師禹先三兄館同三兄過作舟
检點舊鈔襍稿中有陳句山子潛方武城寧一之章久其於人才盛衰長吏
憎愛洞若觀火用筆尤精悍絕倫名作也
十五日晴有霜轉和　作舟云金剛經是真實法門圓覺經中多言是名眾生
是名世界等等皆責實之論也

統讀論語公冶長篇兩未知焉得仁雖既云未知又云焉得雖詞為複今闕釋文

鄭本讀未知智因疑徐幹中論智行篇述敵有三仁君子以微子為上貴其能以

智自免也云云徐說正得論語大義蓋三達德智列仁先論語言智者每先於

仁者即其例子文文子之必告與棄而違之但許清忠雖子文之三仕三已文子之一邦

又之一邦以其明哲而未能也焉得逐祿為仁乎蓋以智合仁春秋所貴

本穀梁傳襄廿年言合乎春秋 論語與春秋相表裡鄭君言智為智實因齊魯論舊讀

也所貴之崇者先先云未能事人焉能事鬼人鬼之是兩事正與此未知焉得

仁各法一律鄭君之讀蓋信又顏之推有云漢書古今人表引此文師古之讀

知為智可見唐以前悉用鄭讀也

智行篇又云或曰然則仲尼曰未知焉得仁乃高仁邪此更知讀智之明證

十六日淨業庵和尚招午飯述起屋大概晤庚臣星甫請兄東亭昨年

擬開小課縣君延星甫閱卷　縣課賞大已發孫小雨小舟小亭代為領出

為敝經生之見多半拘牽實筵之前牘已萌而猶必持為尊者諱為

親者諱之文過除其纏綿牽合見幾不早醒悟於掩飾其背纏綿於終

別求此於君子之捷殺遜經者所往而不足放數自得者如方理而不可及也

由來國是之最難收拾宦梗之浮沈故定正所以即源為別屏淺之即

禮之義自過其覓開縱合之良覿難期居山不亡終決其丗節不之歷於

少數後君子之懷才寡合書所事而不肯改經更張者如方改而業可痛也

晚余前日大師搬一年題中之比係指阿字為說點評云筆陣起澤雅近瞿山

十七日　閱元和蔡鐵耕《癖談》。鐵●耕書為錢竹汀二馬第也，書攷古泉制

極精核。其論《漢書·食貨志》"太公立九府圜法，黃金方寸而重一斤，錢圜函方，輕

重以銖，布帛廣二尺二寸為幅，長四丈為匹"，云圜法二字統金錢布帛言之，向某

奇謬，顏上下兩圜字並遂誤。周家泉法當如孟康所云外圜而內孔方者，其

誤殊甚。顏下文利於刀，則錢中已刀矣，不言布者，誤混於布帛之布，

實則周家圜法兼布刀，但其時所尚者周泉耳。大府以下九府當九府而以

圜為均而通也，上圜字主義，下圜字主形，蓋為圜法之一函方之象，又為泉

法之一班，氏以是為周家獨制，故特言之。其它作刀形者柄端如肉好矣

一之環，作肆狀形者，正開如大以圜之半環，皆不離乎圜，而兩函方者之別

種榆圖印錢季奇叔說

十六日　讀潘維城論語古注集箋前日所論未知可得之中論及譯書

兩論潘皆引之可見前人箸書援據賅贍矣

十九日　曉起開門彌望皆雪真前玉屑無可覓也

二十日　雪　母親壽辰處視其禮　官府迎春　元寄來手書并題生

信丈以壽軒算學六本即作復函及扇送去

二十一日　閱以壽軒筆談其大指本主於筆算先列加減乘除四法

二十二日　晴　過香臣閑談　論所借以經注前集補鈔尊集

過下來留眼蘇雨留書吟留暢論一切雨留論三音律論太史公書

而外印象色楼。又說陳蘭甫聲律通攷其於古道甚精闢，是一二可
議。又說鳳皇二字倒之即是黃鐘二字。又說音学以十六部為準。余曰
此前亦撰稿後說覺之而當大歎曰然尤是先生今也。吟當者語謬非其究
而節。是素季子氏與再求非兜而殊素季氏也，是義不為素再即也。
未當論之語已欲立而立人已欲達而達人中立達字即話久生思立久止思
出。方與下文而應之之意相貫，否則此立達看成在道之衷還語頭尖
而說而應矣。逷先寓言。聞書農夫子至即遏之先所謂之未值。
二十二日　席且遏我述所撰自强学塾記其華政之林息皆得力於
夕正殷去以華衍書莫学二冊　逷先午後遏錢

二十四史 詠沿 承隆明東釋順北晉，其所藏全史冊甚繁，不便舟車，因將

予前購圖書集成局印本易去，計送來自宋書至明史都四百六十冊

史記以下至晉書闕

宋書十六冊

南齊書六冊

梁書六冊

陳書四冊

魏書廿冊

北齊書四冊

周書四册

隋書十二册

南史十二册

北史廿册

舊唐書四十册

新唐書四十册

舊五代史十六册

新五代史八册

宋史百册

遼史十二冊

金史廿冊

元史四十冊

明史八十冊

二十五日雨　檢理史冊　約積兩厨始給

二十六日晴冷　禾翁過我　適蔚如自鎮回知亟共叙夙悃

讀陳書王元規傳　因不失親　正作昏姻解

二十七日晴冷　過蔚如不值　三兄過我　論醫學

二十八日　過三兄

[illegible]

二十九日除夕祀祖　讀南史吾宗列循吏傳者一人列孝義傳者一人

又見列傳者一人爰備錄之以志不忘

吉翰字休文馮翊池陽人也初為龍驤將軍道憐參軍隨府轉征虜左軍參軍員外散騎侍郎隨道憐北征廣固賜爵建城縣五等男轉道憐驃騎中兵參軍從事中郎為將佐十餘年清謹剛正甚為高祖所知賞永初三年轉道憐太尉司馬太祖元嘉元年出督梁南秦二州諸軍事龍驤將軍西戎校尉梁南秦二州刺史三年仇池氐楊興平遣使歸順并兒弟為質翰遣始平太守龐諮據武興仇池大帥楊玄遣弟難當率衆拒諮又遣將強振向白水諮擊破難當等並退走其年徙督益州寧二州梁州之巴西梓潼宕渠南

漢中秦州之安固懷寧二郡諸軍事、益州刺史，將軍如故。在益州著績，甚得方伯之體，論者稱之。六年，以老疾徵還，除彭城王義康司徒司馬，加輔國將軍。太祖經略河南，以翰為持節、監司雍并三州諸軍事、司州刺史，持節、將軍如故。會前鋒諸軍到彥之等敗退，明年復為司徒司馬，將軍如故。又領南豫徐兗二州、豫州之梁郡諸軍事、徐州刺史，將軍如故。時有死罪囚，典籤意欲活之，因翰入閤齋，呈其事，翰省訖，謂令且去，明可便呈。明旦，典籤不敢復入，呼之乃來，取昨所呈事視訖，謂之曰：「卿意當欲宥此囚死命。昨於齋坐見其事，亦有心活之，但此囚罪重，不可全貸，既欲加恩，卿便當代任其罪。」因命左右收典籤付獄殺之，原此囚生命。其刑政如此。其下畏服，莫敢犯禁。

明年卒官時年六十追贈征虜將軍持節監刺史如故 錄宋書列傳第五十五 南史入循吏傳

吉翂字彥霄馮翊蓮勺人也世居襄陽翂幼有孝性年十一而遭母喪水漿不入口殆
將滅性親黨異之天監初父為吳興原鄉令為姦吏所誣逮詣廷尉翂年十五
號泣衢路祈請公卿行人見者皆為隕涕其父理雖清白恥為吏訊乃虛自
引咎罪當大辟翂乃撾登聞鼓乞代父命高祖異之敕廷尉卿蔡法度曰吉翂
請死贖父義誠可嘉但其幼童未必自能造意卿可嚴加脅誘取其款實
法度受敕還寺盛陳徽纆備列官司厲色問翂曰爾求代父死必為人所教
姓名是誰可具列答若有悔異亦相聽許翂對曰囚雖蒙弱豈不知死可畏
懼顧諸弟稚藐唯囚為長不忍見父極刑自延視息所以內斷胸臆上干萬

乘今欲殉身不測委骨泉壤此非細故奈何受人教邪明詔聽代不異登

仙豈有回貳法度知翂至心有在不可屈撓乃更和顏誘語之曰主上知尊侯無罪行

當釋亮觀君神儀明秀足稱佳童今若轉辭幸父子同濟奚以此妙年苦求湯

鑊翂對曰凡鯤鮞螻蟻尚惜其生況在人斯豈願齏粉但因父挂深劾必正刑書故

思殞仆冀延父命今瞑目引頸以就大戮情殫意極無言復對翂初見囚獄掾

依法備加桎梏法度矜之命脫其二械更令著一小者翂弗聽曰翂求代父死死罪

之囚唯宜增益豈可減乎竟不脫械法度具以奏聞高祖乃宥其父丹陽尹

王志求其在廷尉事并請鄉居欲於歲首舉充純孝之選翂曰異哉王

尹何量翂之薄乎夫父辱子死斯道固然若翂有靦面目當其此舉則是因父

買名一以甚厚拒而止年十七應辟為本州主簿出監第年縣稱古昔月風化大
行自雍還至郢湘州刺史柳悅復召為主簿後鄉人裴儉丹陽尹丞臧盾揚州
中正張虔及連名薦翂以為孝行純至明通易老敕付太常旌舉初翂以父陷罪
因欲悖疾終因常而卒　錄梁書孝行傳　南史孝義傳同
吉士瞻字梁容馮翊蓮勺人也少有志氣不事生業時儕士莫見其姿窮屬以經
學因誦經與讀西鑒儒宗一經未足識月之藏耕衣不顧年逾四十息息不得志
可就江陵卜者王先生計祿命王生曰君擁旄杖節似一將後一年當將兵馬
大郡及梁武起兵義陽太守王樹之天門太守王翳送武陵太守蕭穎等並不
從命鎮軍蕭穎胄遣士瞻討平之齊和帝即位以為領軍司馬士瞻以時

嘗於白塵園中樹塔名禪寶藏寺設為僑舍子所依及平齊魯休烈軍阿須三蕃匠乃作百禪其外茲賜軍士不以入室以軍功除補國將軍步兵校尉建康平為巴東相建平太守初士瞻為荊府城局參軍浚蕃人使庫防池得一金革帶鉤隱起鏤甚精巧篆文曰錫爾金鉤且公且侯士瞻而與夏侯詳詳先為霸府以與詳詳喜佩之及是革命詳果封侯而士瞻不錫蕃士天監二年入為直閣將軍歷任秦梁二州刺史加都督後為太子右衛率又出為西陽武昌二郡太守在郡清約家無私積初士瞻夢得一積鹿皮從而數之有十一領及覺喜曰鹿者祿也吾當居十一祿乎自其仕進所莅已久及歷二郡心惡之遂疾不肯療普通七年卒於郡贈左衛將軍謚曰胡子子琨嗣

戎援閔閭一踊而絕良久乃蘇不屈軍刺擲雍邪部遂以孝聞諸下雍渠

錄自史列傳第四十五　梁書卷四傳翂見更詳傳

晉書愍帝紀　建興四年　劉曜逼長安帝出降御史中丞吉朗歎曰智不能

謀勇不能死何忍君臣相隨北面事賊虜乎乃自殺

晉書孝武帝紀太元四年秦陷魏興太守吉挹不食死

吉挹字祖沖馮翊蓮勺人也祖朗愍帝御史中丞愍帝出降朗失聲自殺　挹少有志節沒胡

不得還桓溫伐秦至霸上挹乃携二弟來歸孝武初苻堅陷梁益荊州都督桓豁表

挹為魏興太守尋加輕車將軍領晉昌太守以拒苻堅功拜員外散騎侍郎堅將韋

蜀郡張成
通鑑載金禕觀
漢紀作禕乃與大同
耿紀及[illegible]韋晃太醫
令吉本、子邈、邈弟穆

鍾攻魏興挹與戰斬首七百級加督五郡鍾欲趣襄陽挹邀之又斬首千級鍾

大怒回軍圍之挹戰雖屢勝而衆兵日益力竭城陷引刀欲自殺其友止之曰且當

苟存圖他計、不立死未晚也挹不從友人奪其刀為衆所執挹閉口不言不食而死

參軍史穎竊臨終手疏以歸桓沖表上之詔贈益州刺史　晉書吉挹傳

吉茂字叔暢馮翊池陽人也世為著姓好書不恥惡衣惡食而恥一物之不知建安初

關中始平茂與扶風蘇則共入武功南山隱處精思數歲州舉茂才除臨汾

令居官清靜吏民不忍欺　太平御覽二百六十七引魏志　按魏志蘇則傳注引魏略曰則與同郡吉茂等隱於郡南太白山中以書傳自娛

三國志魏書武帝建安廿三年注引三輔決錄注曰時有京兆金禕與耿紀韋晃者吉

本子邈、邈弟穆等結謀　邈字文然穆字思然　以禕慷慨有日磾之風又與王必善因

等謀廢必挾天子以
號令有引聞初為援
口注引風俗通云袁
周尹袁曹詩漢
至漢中太守袁悅

以聞之卷稿必挾天子以號令而揭劉備 校范曄漢書獻帝紀注引書少府孔
號書云漢太尉袁今袁本與八子府融仁同在書苦所述行 日直事冤起六朱書條而克事三張漢
書之袁本作書謀也 大梵王相長史王必業 生袁濟號

宋蘇轍侍讀肅撰韓字國華三卷又撰十子代略一卷起庵愫氏富 諸經籍

宋書觀國撰孝經新義一部一卷 宋史藝文志

吉中孚詩一卷 楚州人 始為道士 後官校書郎 登宏辭 諫議大夫 翰林學士 戶部侍郎判度支 貞元初卒 唐書藝文志

道光壬寅十二月二十日戌时生

[illegible]

忒古訓齋日記

光緒廿二年丙申

求古信齋日記

光緒廿二年丙申

聖祖仁皇帝庭訓格言云易云日新之謂盛德學者一日必進一步方不虛度時日大凡世間一技一藝其始學也不勝其難似萬不可成者因置而不學則終無成矣所以初學貴有決定不移之志又貴有勇猛精進之心尤貴有貞常永固不退轉之念

又曰荀子云身勞而心安者為之利少而義多者為之此二語簡而要之一世能依此二語行之過差何由而生

光緒二十有二年歲次丙申

正月大建庚寅

初一日丙申 晴，東北風。與三兄同出賀朔，因共論庸臣所撰自强学塾記，筆意雅近曾文正。

初二日 讀何承天安邊論。

初三日 偕宪臣過蔚如，見所藏水經注圖，甚便讀者。讀范武子穀梁傳集解序。

初四日 窳老過我。閱舊年十二月申尾各報，其俄尊聖教一則云：俄羅斯數年來建立聖廟，務極尊崇，欲三倍於中國，又搜羅中國書籍，延聘中國

文人待以優禮噫聖道廣大極於天覆地載莫不尊親理有必然無足怪者獨
惜我中國沐浴遺澤而於所以奉之實轉不能百一焉是可歎也
初五日庚子是拜經日也焚香敬祀 閱讀論語 過竊老見其聽事
所懸楹聯云讀經漸識熹平字閱世如披山海圖 讀馬國翰輯范武子論
語注即全錄之此注晉書本傳隋唐兩志皆不載馬氏從皇侃義疏錄出又江
熙所集論語集解並見馬輯范江二家皆治穀梁學者而皆有論語注於此見
治春秋必通論語家法至晉尚未泯也
初六日雨 錄馬輯江熙論語集解序
初七日晴 伯潛信至即寫復之 讀荀子子道篇因悟魯論由誨女知之乎

本義卽告老窳一快　書農夫子亦共論近緒

初八日　讀馬輯晉代諸人論語注說具為朱子集注所本者甚多

初九日　閱梁書帝紀　讀荀子　二兄寄來初五日手書云今年改就揚州司

康和書啟

初十日　過老窳見蔡雨亭論音学分十六部　清真合坎正寅通尤仙合坎稻鮮通

清支　生清徵　生宮　正角

陽魚　生清角　生羽　正商

真脂　生清商　生徵　正宮

醯祭　生角　正羽

蒸之　生清宮　生商　正徵

清角　清商　清宮　清徵

仙歌　諄宵　東侯　僊尤

東侯真脂
寺寺寺寺
嚨喉咽嗌
清宮陽　清宮陰　濁宮陽　濁宮陰

讀穀梁傳春秋大義在責己論語克己復禮為仁皇疏引范甯注克責也復禮謂責克己失禮也非仁者則不能責己復禮故能自責己復禮則為仁矣歎世之主不能一日克己故言一日也為仁由己而由人乎哉言為仁在我豈俟彼為仁耶

十一日雨　季雛青來云顏生今年在姜堰楊家教讀　北門街聚樂茶社陽壁

錄黃琳材金沙江源流攷寄顏生　讀穀梁傳苟焉有入人之志者人亦入之矣

印魯論所語於道也一貫之道也

十二日晴　荀子億萬之衆而摶（改从劉）若一人　善用兵者先附民和摶而一　此發摶字樣可證書論可使治其摶也之義　楊生來請目　陳臣禹言過我朋論至晚飯後始散

十三日晴暖　陳臣招游西溪　孫師過我午飯　飯後同過三兄未值　案頭有余江干先生詩稿因快讀之　其詩為沈碻士選　王夢樓鈔　卷首列碻士及曾招菴寬明序　卷尾附夢樓跋詩二首云　一卧江干不計年　吟詩誰識布衣賢　陽春實異當時調　封禪虛求殁後編　令雨軒窗猶月滿　草堂湖海憶星聯（先生搆有令雨軒 梅西一草堂）　雪泥鴻爪同狼籍　搜羅遺文自愴然　故人惟有沈尚書　曾訪橋西處士廬　畢竟心期成往昔　文章生死見終初　孫能問字揚前烈（集為令孫南畊所得）

我輩鈔詩愧小胥，從此名山千載事，未應重恨蠹魚餘。

十四日 過老霖，伏讀察獄、察戰、察書。讀史記六國表論集解正義。不如春秋之暴戾者，因情論語夷狄之有君不如諸夏之亡也，正同此義。

十五日 孫師霖萌、于番星、南帝臣、蔚如來言，嘗如同游西溪，偕霖過寰岩精舍。午飯作舟以齋未正。

十六日 舊寫史記及後漢書目錄太草率，重裝（重）寫之。

十七日 讀三國蜀書，黃忠字漢升，御覽引作漢材，雅林字是，林升形近致訛之猶晉書袁喬字彥叔，皇侃論語義疏引作彥升也。壬申去秋南下江頤集未補

十八日 寫潘元允一幟 月食

十九日雨　節録馮孫豊川述　手寫嘯歌天地小。萬編俯仰夜生多。註作兩句

二十日晴　禹言過我　閱晉略帝紀　蘭丈以所箸文鈔見贈　其遊寇紀略一篇情景真實可剞劂以世也　復閱舊點三國志其錯誤處甚多非重過百徧不能名子有一遍也　陳壽史才允可上繼班馬

二十一日　閱晉略諸表序　録家祖沖之傳　三兄過我　爲朱佐卿跋詩

廿二日　撰長歌一首贈餞老　三兄昨語我七紫三羊毫余返矣乃揭也熟識策也都不　散佚事因以詩代餞老歌以勝之

阿兄饟我七紫三羊毫。温潤若玉快若并州刀。剛而柔外兩美一。以操毫者言昔信是儔中豪。忽蒙分手歸非毫之遺。閑閑卻歸久已甘蓬蒿。不過肆逐日月馳鑒罄。公穀史漢五百篇莊列騷。糅黃稚母標朱慢墨徒勞以退後

能向雲路翱翔雖翔翔。先生文章聲價當今第一。生平落落不可終久。會當謝
絕筆研鏽囊筆。標舉麟采，摹擬齊皇。毛北屋散，名在追隨。數數以持
樸求與買為年上題。吁嗟乎人才衰衰，波浪淘洶。一知己則伸，否則拗意言言
無西上而鶴。三者首樓長以翔。長去御。長屈翹。帝與諸侯墨卿端子游篇。

讀三國蜀書

廿三日 冷。過飲老。讀三國蜀書法正傳，正為其州邑俱僑客者所謗無行。按此所
字非詆訶乃指斥之詞，與讒字同意。穀梁傳使者所佚也，糜信注云所詆斥也，是也。徐
邈引尹更指云所者佚之氏，恐非。點穀梁隱傳終。

廿四日 讀蜀書畢。中如漢樂二城，據漢中王驗敵入平之等，證以通鑑皆同。潘

眉梁章鉅諸家未及也。督歎不置，聖人以爲雖一語足證長篇，曰伯氏之論云。

廿五日 伯聲自興來，暢叙甚快。讀劉禮部左氏春秋攷證一過。

讀史記十二諸侯表序，乃知論譔二字之確，解亦得如此。

廿六日 孫師來。讀太白梁甫吟云：力排南山三壯士，齊相殺之費二桃。吳楚弄兵無劇孟，亞夫咍爾爲徒勞。梁甫吟，梁甫吟，聲正悲。張公兩龍劍，神物合有時。風雲感會起屠釣，大人嵲屼當安之。玩太白此篇可知諸葛君將爲此吟亦幾遇之云云。齊殺三士，晏子之謀，是其短也。諸葛乃比管仲，不稱晏子，足以見矣。

廿七日 閱雪後睡餘筆記。又閱俞樾羣經平議，議論語類，知之即去之，俞已言之矣。

二十八日 讀穀梁桓傳 伯膺閑課言必有中須爲元氣含渾字

讀荀子勸學篇 無冥冥之志者無昭昭之明 無惛惛之事者無赫赫之功 又云真

積久力則入 蓋古之學者一由是也 禹言偕令弟子思過我 自

二十九日 讀穀梁桓傳終 閱柳氏述日月例云 穀梁日月之例莫詳備於諸侯

之卒葬 二百四十二年日月例參互之与尊又皆出諸侯卒葬例求諸諸侯即

所以異于天子 作穀梁所爲善于經 讀荀子修身不苟榮辱非相四篇

三十日 讀穀梁莊傳終 十八年范注引禮記玉藻天子玄冕而朝日于東門之外云云

作手制 老霖過我 以御覽數出荀子 孤父戈劙牛鼻目取其兩條 皆視

今本爲優 幼蓮信至 云收到金四江致

初一日丙寅　讀史記律書吳虞，因悟吳吳一字，吳音話吳鄒聲近，吳虞即莊子所云鄒虞也。屏臣過我。讀柳氏述日月例。

心蘭過我，書賦一詩：不覺三年隔，常懷獨學憂。遙知滄海量，皆棄百川流。縱合原閑散，羞衰奈力儔。開門欣揖客，集鵲噪枝頭。

閱嚴可均說文聲類，奧以來諸家即是尤仙道之說，蔡雨老前日之論，乃知其精。

從老森所見康廣夏廣藝舟雙楫，其論執筆寬低用指寬實，皆書家三昧也。

候禹言。心蘭從禹言所見當日劉雲生參議請羅叔鐵孫集稿，臨歸讀之，甚快人意。

菊丈過我。

（原件此處遮蓋）

初二日 讀柳賓叔述穀梁日月例畢 此書信為穀梁功臣 寫寄揚州信

初三日 複幼蓮一緘 讀穀梁莊閔傳終 閱說文聲類 讀荀卿儒效

與佃聲論、論雅俗無量雅雅通用雅俗無量與上句錯為文法一律

微雨 儒效篇如是則可謂聖人矣云云 其下復結之曰如是則可謂聖人矣

因憶易文言其惟聖人乎云云 其下復結之曰其惟聖人乎 古人文法亦是如此

向讀三國譙周傳引易無上其惟聖人乎句 疑易本無此句 今知非也

初四日 讀穀梁僖傳 竊謂魯論語為穀梁學 中庸孟子皆公羊學也 大該穀

化所過者化 兩化字皆因畫解 亦其一證 讀司馬相如傳 閱韓非子初見

秦以下至解老篇 其言持祿養交比周朋黨諸弊 悉本荀卿也

復讀儒效篇

初五日陰雨　閱韓非子喻老至外儲說　禹言過我

初六日大風甚寒　閱韓非子終外儲說右記子夏曰春秋之記一條尤足發明穀梁大義淵源出荀信不虛也荀子干越爲吳越於韓非得其兩證

初七日大風霏雪　讀管子　春分

初八日晴和　吉齋早至便往答候　寬臣貽去叢書四冊　元寬信至并寄來李雨人先生劫餘屢存一冊即寫復并撤去月徒去四冊

初九日　謁孫師未值　頌年來謝學　改子久文一首

初十日　讀穀梁傳　改子久文一首　元寬過我貽去蜀志一冊

十一日　寫暇叟叢脞雨錄八冊　往邑中家弔　便候禹言馬臣　政子父文一首

讀穀梁僖傳終　隕霜不殺草　李可殺而殺　舉重也　可殺而不殺　舉輕也　此孔子之言也　見諱非內諱　說上七術　穀梁多述聖言　而公羊多之　此之近孔子一徵也

午後往候白石丙亭　皆未值　過三昧寺　觀和尚晚課　法律井井亦足道也

種菊　閱蘇孝慈碑

十二日　讀穀梁文傳終　讀史記李將軍及汲鄭列傳　李汲當漢代第一流人物　史公寫生為人尤極用筆之妙　閱徐楚金說文通論　鄙其引據穀梁之文

柳氏大義述未及寫補之　三兒暇去作月樓賦已編　夜雨雷

十三日　雨　讀史記李將軍傳　閱徐洄溪傷寒類方

讀太白詩

十四日 讀穀梁傳 宣公終 讀李白詩 其把酒問月云人非明月不可得月行却與人相隨 記得當年亦嘗以此問 錄丁晏魯詩考補遺

興化顧容祖壽哥來一談

十五日 讀楚金通論 閱臧庸拜經日記其春秋經傳源流攷敘以穀梁家亦以穀為先 哀豫華子政皆魯論舊字 向讀論語其諸為恭兩言與此章同 知為齊論然不知何以皆謂子貢今讀史記孔子世家云子夏居西河子貢終於齊 乃恍然無疑矣 跋此等文一篇 讀莊子逍遙游養生主云善刀而藏之 古藏字但作臧 爾雅釋詁臧善也 說文臣部臧善也 艸部無藏字 蓋臧本

訓善物〻善者所珍藏之故臧即訓藏莊子此文當本作臧加艸者後人所增也

十六日　候老師暢論學旨段茂廣氣象莫擬讀之其論學魏碑以張猛龍爲

最善頗契風情　顏生寄來寫篆英帝近作若干首

十七日　讀莊子　候三兄即過爲言

十八日　二兄寄來一緘附顏生舊年來信　讀史記孔子世家歎詠文辭是可與人共

看拂得是也乃悟段文莫爲蠶勉之非

十九日　五弟往菱澤附去上母函禀　寫復二兄信附去海閣總冊一本

三兄晚去　讀莊子外篇九者數〻經莊子多言十九年亦其一證非真十九

年也於是誦十二經以說老聃要在仁義音義云十二經春秋十二公經也

二十日 讀莊子外篇畢 而繁遂見老子七月七夜函其所 列子仲尼四篇記子貢茫然自失七日不食以至骨立乃知後漢書孔融傳而雕〻骨立而雕所出殊也 有綜向誅者猶言菁菁矣

二十一日 讀列子天瑞黃帝周穆王仲尼四篇 顏生自姜塢來詳論近業

二十二日 二兄寄來申報長十餘帋 讀列子湯之問棘〻夏革也 莊子註以為湯大也棘猿不也謬之 湯問力命楊朱說符四篇讀畢 孟子距楊墨〻書今墨存楊則亡之矣雖可以列子當之 三兄往鎮 今日清明北郊遊者甚繁余獨不欲往也 禹言夕函

廿三日 色家二三往而便過訪翁老觀其執筆作書秾妙欲絕

讀穀梁成公傳　閱呂氏春秋　戴望論語注自敘云庶幾先漢齊學
所遺今審閱之如其諸異乎人之求之與下當引公羊亦其諸以釋齊語乃
置之不言特援穀梁傳求之為言得不得未可知之辭也以釋求得兩字穀梁
為魯學與公羊判然不相入戴說知齊語與公羊家言相通詳見原敘而其為書仍
雜糅如此則所云庶幾齊學者亦未敢信也　夜雨
二十四日雨　館老西述明日書院甄別　讀成傳終　改戴生課文
讀孔子世家硜硜乎莫己知也夫而已矣讀者皆依論語於也字句絕夫字屬
下按釋文斯已音紀朱子集注讀斯已為以劉氏正義從釋文以朱子為允今玩
史記此文以夫字屬上為句與莫我知也夫一例而已矣上無斯已二字可知

論語本意只在已不在己也故可省去斯己二字若斯已之已本該紀列史亦不得省此兩字矣朱子讀斯已爲以確不可易陸德明讀不必從也

二十五日晴 甄別文題傳說舉於版築之間四句 草稿畢 繼飲老府 邵師函論文

二十六日 候霖老 撰陽貨篇兩子欲往說

二十七日 伯聲前有風恙今回奧休養務白 五弟往臨澤回 母舅自與函 蘭文同召揚州之行往送之 讀穀梁襄傳終

二十八日 讀穀梁昭傳此最光楊疏 筆意略變 玩孟敬訓碑 天氣甚暖居如初夏

二十九日 仍熯 午後大風 下午毛雨轉涼 讀穀梁定哀傳終

張皋文論荀子賦禮一篇爲總冠，知所以引禮也。雲以喻稱而王，蠶以喻甄而霸，箴以喻參一而已。此說洵精確矣。倫惟釋名稱不美語發帳音近殘，似非。

穀梁哀十二年正義引孟子輕於堯舜大貊小貊，重於堯舜大桀小桀。什而稅之聲，心與公羊傳文正同。史記稱孟子往据捃春秋之文以著書，此即其一證，而孟子春秋之學可斷爲公羊家矣。鄭君謂公羊爲六國時人，亦不盡也。

讀劉蕡對策，中如經紀不書即位所以正其始也云云，類出穀梁說，舊唐書稱其明左氏春秋，非也。

三十日 讀荀子成相篇 堯不德，舜不辭，因据尚書舜讓于德弗辭通作詞。釋名釋典藝曰：詞，嗣也。郡聚之不通嗣。

嗣、即辭、，段弗嗣，不辭也。此六字乃是堯讓、舜字一讀，重呼之也。（与其本附帝作同）讓于德弗嗣，言舜讓于德，如云自辭也。堯讓于德，猶云堯不德，舜受之德，猶云舜不辭。荀子此文猶為書古義矣。國朝治尚書諸家惜未舉之。

讀曾祖遺詩五十生日自箴云：朋儕有驕憐新妙，春色無邊處當年。情況可概見也。詩凡一百有七首，除重一首，得百有六首。

午後孫師寀老同至三昧寺看和尚念佛。

三月

初一日　閱汪中經義知新記國語校語云罍無形鏤形乃雕之誤蒙謂形乃蟲之誤　揚子法言云雕蟲篆刻蟲即雕也　撰大司馬國諫辯一首

讀荀子正論篇治古亂今即始古終今也非古必治今必亂也

初二日　雨亭吟伯過我　閱宋翔鳳過庭錄

初三日　孫師星南廣日招往精舍為上巳之游　閱黃以周經說略六甲五龍者所以正繆小篆之卜作丅片作夂也此說極合字之形義移為最當

初四日　候吟伯　閱其所撰南唐紀事本末大略都三十二篇　讀許叔重五經異義有證穀梁論語者甚寥摘鈔一二以備檢校

初五日雨　改詩筆文一篇　閱穀梁大義述　二哥信並述三兄十二日以同東
又言前來二月分申報閱一過知強學會中止　大兄往鎮江早船行

初六日微雨不快人意　讀劉台拱論語駢枝中如關雎樂而不淫哀而不傷據樂
言之樂謂關雎葛覃哀謂卷耳　犁牛之子乃舉天牲以況仲弓謂騂角之材縱不
用諸上帝山川次祀之得舍之蓋　攝齊升堂攝非攝衣攝斂也整也諸說皆精當
告朔之餼羊謂天子遣微者行諸侯以其命數禮之或以少牢或以特羊遂王以備不
告朔於諸侯而魯之有司循例供羊並定哀間猶秩之此說亦足備一義

初七日　讀劉逢祿論語述何

初八日　讀儀禮子夏喪服傳其稱傳曰云云　鍾文烝謂穀梁亦多稱傳曰

皆是七十子所記是也　吟伯假去紀事本末二十冊

初九日　素王之說出於緯書，公羊傳無此語。春秋改制三科九旨，又何劭

公推衍董生之說，公羊傳無此語也。讀公羊隱桓莊閔之篇。雨

初十日　讀公羊僖文成宣襄昭定哀之篇。公羊多足證孟子，孟子受於子思

之門。余謂中庸之與齊學家言合。子思受於曾子，公羊多引曾子。通義謂皆曾

子之說，蓋非無徵也。讀論語子張之篇，乃悟數罷春秋刪篇三傳皆本於子

夏。大樂大樂。改駢年文。子大齋來課，夕三首。

十一日　黎明有雨，旋晴。讀禮記中庸篇注疏，壹戎衣正是齊語，向謂

中庸為齊學果然。謁大母舅。論詩。午後散步，郊野滿目皆麥。

十二日 黎明後有雨 曉起看芭蕉新綠 孫師過我 撰六甲五龍辨

十三日 杜冠卿入学 偕老巖往賀 其所刊試卷印孫师前屬撰之稿也 游參招飲 坐見孫师星南

十四日 撰甲乙丙丁戊己庚辛壬癸釋篆一篇 寫寄二兄一緘

十五日雨 禹言自鎮江來叙闊多时 孫师出示書院甄别榜案兩卷皆取孙师第一 楊生來印改文三首視之

十六日雨 候巖老印以十餘釋篆稿就正 游參君友項晴軒出约往晚後 見新来申報數帋 其中記二月廿二日户部火亦奇聞也

十七日 寫說文部目一過

十八日晴 往西溪王家弔 山長課題孟子曰待文王而後興者凡民也一章 以出筆家言楷一書 晚左游岑所話語 頃晴八角尺金石痛具賜游岑蘭亭一本 神韻渾厚非近搨所能萬一也

十九日 候皖老印翻帖文 孫師過我

二十日雨 候容老見所藏子才先生手札數通 皆是七十餘歲時所作其筆疏老雅足逸致 題廣襄齋精舍女餞游岑印邀晴軒子香共話 廣以篋中藏禮書為東鼠因以為寫書號閱說足聲四呼奴子移以篋非庭逃其一貓獲其二其一為奴子所撲殺再獲捨其書

碑碎不可勝計，王蠶死固當，猶此逃者，豈智是何兔與？柳貫猶未盈与

柳宗元梁插石天憐以繼之与　顏生來信請北田陽

滬報述南菁書院古夏自宗師甄別後，每月上下旬分經學古學二門，由張凌

二山長輪課，本年添西學一門，以資進就。其二月分古學題《石壁九經賦》，以

依後漢蔡伯喈刊碑為韻；《蘇秦為從約長并相六國論》；《讀竹書紀年》五

古

二十一日　寫壽王義門一緘，又復顏生一緘

二十二日　飲老孫師，皆至。雨臣將入都，寫鈕匪石集句贈之

溫不增華，寒不改葉，山以虛受，水以實流。上為諸葛武侯語，下未詳 [illegible]

彭卅平出所藏停雲館帖三種索題 晚從姜蔭志之

二十三日 三哥自鎮江回 晚至澥蓀所觀實甫子青二老作畫 晴軒天

真烟境名不多得之友也

二十四日 禹言還來 知洪明讀書處

二十五日 過飲老 禹言約茶話

二十六日 澥蓀啟川偕禹言之兄佳邊之即假玉茶一玉一函來 便招飲

老 候子香老 讀荀子

二十七日 七母舅在三味寺為外祖母念普佛 黎明往叩頭

閱犀經平議 飲老約往晚飯

二十八日　改楊生文三首　從霖老所假來古經解鉤沈　此書乃鎮江曾氏
重刊柳翼南爲之序
二十九日　戴生課題皆不及門也　鄭註皆不及仕進之門而失其所也　按詩桑
柔正義云仕進者得入君門故語不居位者爲不得及門　是鄭此義　李仲璇脩孔
廟碑引論語云皆不得及門也　皆不下居得字　雖論語原文本居得字而鄭
注孔疏一以貫矣　設從朱注以不及門為不在孔門則當日碑引此文皆不下居
緣着得字矣　此金石文字所以可寶也
三十日　改戴生文三首

四月

初一日 父親近[illegible]来神氣覺減 自膝以下微腫 夜甚而早已 五弟詣華

王廟求方 神麯三錢 黄〻昏服 五弟又爲喀喘自求方 萊菔子

讀大學 王者孰謂云〻 又篇終 樂道堯舜之道 未足以言樂乎堯舜之知君子也云〻 雖

即所謂聞而知之道也

初二日 縣課題 仲林園至夫如是 挨回卷

初三日 寫昨稿送欽老所

初四日 二哥晚到家 快叙一切

初五日 早起詣華祖廟 復方 與二兄五弟茶話

初六日　讀古微堂内編　其才情學問胸抱與平生所見深合

頊晴軒　然我孔義碎　一漢沙石侯鈎本一叢龍頹碎改一君子不奪人所

好　他日讀過撥仍還去　默老孤師生兄名各名然皆誤非也

初七日　讀古微外集　其體廟諸祀周公議語五經皆原本周公惟春秋是孔

子筆削　分說春秋之周公作非孔子因之左傳鄭玄子說可證　偽可申晚先

生之甚而周公之祀息矣

初八日　讀古微外集　楊生送文三首來　即將前改三首擲去

晚讀荀子非十二子篇　其非子思孟子者　思孟皆齊學　荀卿魯學也　所學

不同故相非斥　不然　思孟皆孔子之徒也　荀亦孔子之徒也　非思孟是非孔

予意荀卿斷不然也

讀庭訓格言荀卿身勞而心安為之利少而義多者為之二語簡而最修身可則

初九日 致姪年信 讀中庸表記坊記緇衣四篇多與公羊家言相近也四篇按隋書引沈約之言皆子思所作子思受業於曾子而公羊高受洪頤煊經印公羊高趙人為曾子弟子目是子思公羊皆曾氏之徒而其言多同也而其所引詩說亦可斷為齊詩

初十日 寫大過卦 讀緇衣

十一日 芷卿飲菊田過我 閱紅樓夢其文筆與聊齋志異異曲同工亦說林中鉅擘也

十二日 改課卷文

十三日 臨三希堂鍾繇薦季直表

十四日 三月齋課本月官課俱出案一題尚精

十五日 讀荀子富國篇

十六日 山長課題子曰吾欲無言至則小子何述焉 前課孟子曰待文王一節題以春秋立論僅列特等雖久則大快此題又得藉手發揮公羊本義山長出二題不可語紙氣我也

十七日 滕作文遣至餞老所 辭師至論昨日題須息甚大特不敵心佳文耳

說文王下引孔子曰一貫三為王　能剔論語所謂吾道一以貫之者

吾道即王道也　董子春秋繁露王道云古之造文三畫連中謂之

王三者天地人也而參通之者王也　此兩公羊家大義　故曰孔子

（史記）明王道　故曰王道浹　故曰加乎王心焉（解詁）　故曰作春秋以當王法（梅福傳）　故曰繼承

周而奉王（注今）　故曰制作王之法（六藝論）

三兄晚過　象之云昧題子貢不書　看譏

十八日　讀穀梁隱公篇　禹言過我共論道学

左脚患溼氣不便於行

十九日　政子久文三首

二十日　閱郭柏蔭嘐嘐言其補益官方者居多蓋凡人立身行己大端之能隱括不啻右坐銘也二兄前年以舊本讀而善之惜其傳不廣出資重付石印都一千本編贈同志遠李先生之盛心庶不沒也夫

二十一日　左足昔經杜海翁以藥少許敷之云不茲日即愈賣碎柘播老來尚魏齋所種備閱　閱黃以周經說略其論周易爲夏易邶鄘衛爲西周之變鄭齊下爲東周之變精確不磨鈔補劉逢祿公羊張三世通三統兩例其論詩之終篇三正以魯爲新王當夏正而後繫商頌於後者見三王之道若循環尤精確不磨

廿二日雨　連日病足，靜居陋齋。放翁云衡茅終日人稀到，唯有芭蕉報雨來，實景時經情景。二兒約漢勇孫師、三弟來午飯，錄白石寄范石湖詩。閱黃氏經說釋徵度四是篇。

廿三日　向買張猛龍碑，無碑陰，今補購之，其神雋過於碑陽，無怪廣藝舟雙楫讚歎不已也。別有隋開皇年仲思那等造橋碑（又無年有月），造象龍像碑，審玩竟日，仍還潘某。張猛龍用方筆，鄭文公用圓筆，於此二種致力既久，北碑思過半矣。即隋唐以下諸碑，亦思過半矣。此兩種外，尤酷嗜孟敬訓，不知海內書家推之云何也。

廿四日　用老宗師裁帖法裝成兗公頌一冊色文派書法處蒙叢
龍顏寬通之緒碑而求實唐代罕見之物碑文名絕佳古境
花白素王衰一臂之受槐市慕青丹史蛛四斜之首一醉尤嘉又云
魯班御敗衛通衰傀卿故是用東野畢子衰傀来譯家役
孫卿命毛精管晚飯勉強而行歸来足昏法裂
廿五日　裝成張猛龍碑一冊附碑陰碑陽直書用橫裝碑
陰橫書用直裝即老宗師法而無通之患　讀儒行校畫二篇
廿六日　裝成唐張處士墓志銘一冊連題首共廿七行行廿七字處士
以貞觀二年卒以龍朔元年葬於故鄴城西八里

禹言晚至見張玄士首墓志極加賛賞謂是褚河南一派予謂是學蘭亭者　好雨從翁蘭老乞秋菊兩本

廿七日　觀二兄畫竹其石筆風筍戰蒼綠一幅尤勝

潘某比來化去英泉幾買得見漢已下碑如干種

漢沙南侯獲碑　永和五年

漢三公山碑　光和四年

魏道瓚造象記　武定

魏李憲墓志銘

魏張猛龍碑　此碑向是一本無碑陰今此碑陰重買

魏鄭文公碑

魏興和孔廟碑陰

隋開皇十三年造菩薩像碑

唐兗公頌

唐張雲士墓志銘 龍朔元年

又贈我漢廬江太守碑跋

二十八日 邀老韜谿喫莧菜餅 讀劉逢祿氏釋例其釋不書例云魯史記之例常事不能不悉書備載春秋筆削之後存什一于千百以著微文刺譏而萬世法故曰非記事之書也連山歸藏々

易不著蓍，而周易為文字之祖；時訓月令之解不備，而受時則學者多

傳而推知聖人者之彌約而旨彌博也 宋四年以法引孝經資於

父以事君而敬同以說子普之得與蓋孝經與春秋通 故日志在春

秋行在孝經 又曰孝經屬參 春秋屬商

二十九日雨 杏孫過我以三老碑一本見贈媽語碑學 蔣元

字文若江都人 張深字松坪 張秋劍字彥卿 楊鐸字石卿

既去武梁祠題字及金石圖摹

五月大建甲午　十一日夏至

初一日乙未　從吟伯偕陳阜人白屏通跡證　為父親請楚丈診云脾經小腸經為病用夏枯艸空沙參冬瓜子薏白芍等服之甚安

初二日　縣課題有為神農之言者二節　楚丈來前方增減服二帖

初三日　寫兩書交飯老所　蔚如過我　二哥往揚州河水甚淺也以小舟渡至西溪方緣長川日夕送至蚌涎河隄而別

初四日雷雨　閱白虎通爵篇

初五日　斟改前日書院課稿　苗葉暢長長尺餘雨之為功大也

閱白虎通師篇　和師云鄉黨一篇皆禮也入太廟每事問當是古禮

非重出也。八佾篇子闻之曰是礼也，盖言入太庙每事问是礼当如此。钺据吾师此论实发前人所未发，予屡楼桢诸先生阅之，各当以折衷。

初六日 午刻风雨骤至，昨日新展莲叶竟为吹折，可惜。

阅《白虎通》五祀、社稷、礼乐等篇。社稷在中门之外，外门之内，引论语"譬诸宫墙，不得其门而入，不见宗庙之美，百官之富"，又引《祭义》"右社稷，左宗庙"，然则子贡语譬正取王侯之制。

初七日 自昨夜至今晓雷雨甚盛，河流暴涨一尺。阅四月下半月沪报，其廿九日记松江太守观风题至精且博，计经学、史学、宋学、舆地、时务、天算、掌故、校勘、目录、金石、词章十门，每门四道。

楚老索題藏石為寫碑四幅

初八日 自昨夜至今晓又得大雨 閱白虎通封公侯五行篇春秋作天天不言而四時行ゝ即五行ゝ之行 五行篇中人乃敢法天行一節 皆春秋之法也 讀金鶚鄉黨正義 其語必有寢衣一節當在當暑節後是也

初九日 晴 閱白虎通三軍諫諍等篇 范升傳子以人不間其父母昆弟為孝 是讀間為非間ゝ間言父母昆弟至於外人無非間則子ゝ孝子也 辭ゝ甚ゝ又不採蔡閔子有其道焉論語多之言二字則人不ゝ不作ゝ字解矣通 四書攷異引元命包順道篇不作其ゝ可證 焦氏論語補疏亦同此議

初十日　閱白虎通鄉射致仕辟雍符瑞災變巡狩等篇

是木工造也屏三十方

十一日夏至　微雨　發點政經全文　搜紫宗孟子正只解也智足以知聖人汙不至阿其所好俞曲園平議以為智汙對文引呂覽事者不知而食牛千桑繆正之為汙也可謂智乎而證是也　讀西堂制藝

二兄書來初八日手書已有抵揚州矣者接託送示件之投去

十二日　閱程瑤田古鍬考莊子吹鍬首之說也今乃明之又閱其三江考據經為斷力申鄭注駁班志三江之說是周禮職方之三江非禹貢之三江也明辨以晳

十三日 改頌年文 禹言過我談論半日

十四日 伯聲自吳來 閱吳穀人游東山記

十五日 孫師昨日得孫往賀 遇張秋 飲老過我述東游

觀風題

十六日大雨 山長課題可與言而不失人 此等題最難 云且是可用意

唯有就題編演而已 無所謂文 并無所謂時文也

十七日雨 陸飲老萓禧書五種閱之 列子釋文 列子釋文考異 深衣釋

例 釋繒 字林考逸 深衣釋繒兩種已刊入經解續編

興化任子田手札 又申報數帋 錫魁子羅裙一件

十八日　復楊卅信　大兄自鎮回云新買山地在龔家灣去蜀宇梅祖塋不遠

十九日　偶聲肩患由肝至臆處今又覺偏左頭痛目之左眥

閱白虎通嫁娶篇　佐民兄來

二十日　昨夜大雷雨　閱白虎通紼冕篇

二十一日　昨夜甚也　早又大雨　閱白虎通畢都十二卷陳氏立為公羊家郁其疏證發明公羊大義者多推分別今文古文說之極明辨惟白虎通引論語多異於今本看陳說漢時魯論語盛行皆定為魯論語則尚穿紐採也

二十二日晴 孫師餞老偶至 餞老屬予撰淮海維揚州說一首 據禹貢導水言入于海者六 唯導黑水云入于南海 南海必言南 則單言海決非南 偽傳云揚州南距海 則揚州與荆州南畔至於海 無疑閩廣矣 禹貢當不如此 鄭注謂自淮而南至海以東皆是也 晚撰稿即本此意 破偽傳而申鄭注

廿三日 閱徐靈胎蘭臺軌範 晚閱聊齋志異一二則以消遣 近年課題兩集此題乃孫師出與會課諸人者 據孟子此文如以兩集潛論此題之字為一句 殊自熟佳 已於集字斠讀矣

廿四日雨 閱胡匡中儀禮釋官 晚閱吳瑭溫病條辨 其於三焦溫病分屬之各為一卷 又一卷為襍說 又一卷為治產與小兒痘症等

二十五日雨 方午聞蟬鳴正小暑前三日也萬物隨氣化為轉移

行乎其所不得不行止乎其所不得不止耶抑亦特一雌雄也哉

讀溫病條辨上焦篇

二十六日雨 改昭年譜文一首 讀溫病條辨中焦篇

二十七日雨 改昭年譜文 閱溫病條辨中焦篇

三兄過我

二十八日雨 閱穀齋主人字錫補主人桑氏名霨直作贊云姓名亦廣語

也摘其自序語字錫為楳園著錄而印今年季子具奉錦條言年

閱日見收正史所刻過了及未編纂者依類備益得七百餘事

云　讀溫病條辨下焦篇

二十九日　閱葉氏醫案，其評不知何人所為，然甚有見地者

三十日雨　改子久課文　晚閱王仲瞿駢體文　校錢泳序，知其著作甚多，有西夏書四冊

曲園有癸巳樵署，其江右題云巍巍乎其有成功句有也字，下句無也字，此兩語不平列，謂堯堯成功不可見，可見者文章而已。極有識，此論前人未經道及

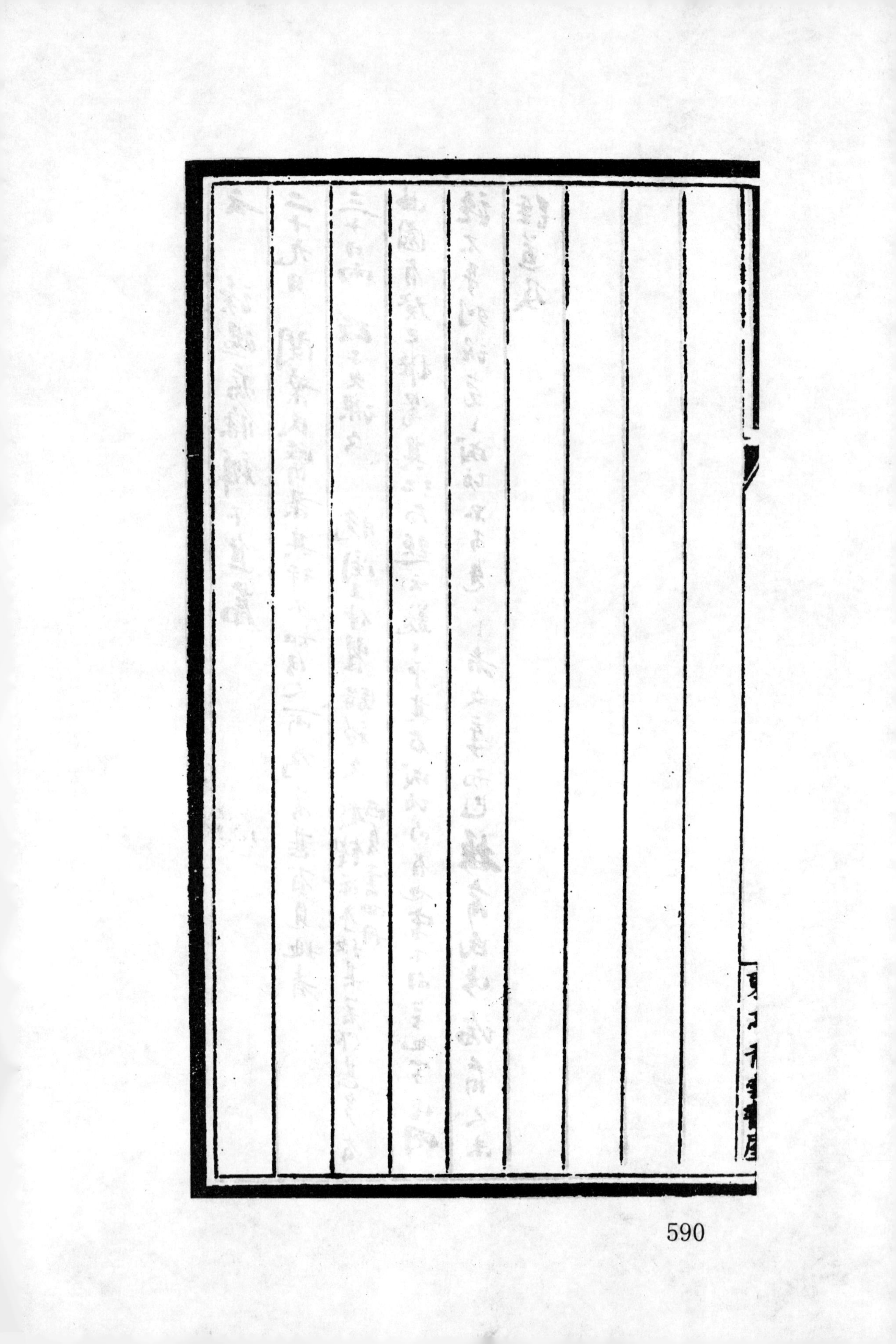

六月小建乙未 二十六日立秋

初一日乙丑雨 改子父課文 閱王仲瞿駢文西楚霸王孫夫人兩廟碑論事精造語奇真霸才也 晚接二兄廿九日書

初二日雨 閱遼史本紀南唐於太祖太宗世常稱宗朝屢遣使來貢 太祖紀不書為唐仁事別見后妃傳中

寫復二哥信 愿濤兄不計年歲積書皆湮沒可惜

初三日晴 杏樓之太夫人仙逝往唁 閱遼史本紀

初四日 讀遼史本紀太后主國僅謝見天祚紀末是乃太公簡乎遼哲翔野享國二百餘年當太祖太宗時英風偉略不可逼抑及至天祚末運全兵一集四面瓦解可云之速也

初五日寫家書揚州信并件讀遼史志表大石集有松漠以北舊日馬見食貨志大石所經諸部見部族表此之摭西遼本末者所取資也

初六日晚雷雨　讀遼史列傳南唐貢猛火油桝即今洋油也

遼史百十六卷蘇局僅百十五卷其一卷未刊當是國語解他日須補購三史國語解以校之　遼語解隸人之了者為奧隗奧威一靺鞨之姓當以滿人云成此集

初七日晴　閱遼史畢接閱金史

初八日陰　閱金史本紀　讀荀子大略以下　并答自來通來一緘

寫東城內東單牌樓裱褙胡同大神廟後西

初九日　閱論語考異學而為政子曰君子不器與下節當是一章此說

大略得其一證　讀荀子宥坐篇　李彥章中正瑞霞樓詩古韻鈔

文何能記以此為銘詞也　閱金史本紀海陵上七四道　世宗益形

其賢　讀金經因悟佛稱金剛者金主西方其用剛佛來自西方

金用正以剛也佛與儒反對儒興於東方其月在木主仁柔矣又

思宋翔鳳過庭錄謂中庸南方之強為老聃北方之強為墨翟能劍

四方各有其教主西域儒家為之冠者中國所謂之帝出乎震也

初十日　閱論語教異八佾里仁　讀荀子子道法行篇

禮記王制云不及以政郊佳賦役不與　因思孟子不及貢以政撓孟子序

當於政字句絕不及貢以政猶禮記言不及以政上文使吏治其國

而納其貢稅焉正不及貢以政之謂也常常而息源源而來正揩[illegible]

之謂也揩揩讀若書曰揩揩蓋不及貢以政之謂是也書逸文孟子釋之

以曉吾弟即以曉天下後世之[illegible]家者

向閱洪頤煊叢錄以公羊高即公明高駁之者謂孟子有公明儀何

獨無公羊儀曰以洪說爲不然余謂穀梁名赤又名俶又名喜公羊

名高安知不可名儀乎按禮記祭義鄭注公明儀曾子弟子而孟子

趙注公明高曾子弟子則高也儀也皆爲一人錢生伯聲云公

羊傳閔篇即道文王而公明儀正言文王我師也此尤可爲

高儀一人之確證

十一日　閱論語攷異公冶雍也　禹言過我暢論竟夕知之者一章

禹言語十指學劉端臨之總評也通論語二十篇唯雍也篇備

具十指云爾　推此見禹言讀書精細過人　讀荀子富生

證引哀公問篇生今之世志古之道　蓋信曲園讀中庸反古之道之反

為復之以也　閱金史世宗紀　二兄壬子年初八日手書并寄帽口以包

是送與師者

十二日　往胡家弔　復二兄信並寄去長一羊毫兩枝

閱論語攷異述而泰伯　閱馮登府十三經詁答問　其以梅賾上古文尚

書孔安國傳係孔安國乃東晉之孔安國　據續晉陽秋　與梅賾同時　果爾則

省郎周程諸儒無限攻擊矣　茲節其服農勤　服農勞勉也　詩邦國殄

瘁　殄盡瘁病也　盡之病也　孟子春秋天子之事也　事為史字之誤

讀荀子堯問篇

十三日大風怒起竟日始已　雨亦隨風而至　蔬菜葉橫折不

少定可知也　雜叔耀西來

十四日晴　閱論語讀放異子霽卿御　讀荀子王霸

閱金史章宗紀

十五日　閱論語讀放冉先進新測　讀荀子君道臣道致士

二兄晚至　雨屢屢兄信云某本信矣　子大壽文來印付裝志

十六日　閱論語子路憲問　讀荀子議兵

十七日雷雨　閱論語衛靈公季氏　讀荀子儒效

十八日　閱論語陽貨微子子張堯曰　讀荀子王制富國

讀金經

十九日熱　父親患脾泄　邀楚丈診　用分運法

二十日熱不可當　仍邀楚丈　二兄寄來至莖及新聞紙

二十一日　仍邀楚丈　復二兄信　讀荀子禮論

二十二日　仍邀楚丈　藥後脾泄已解　惟氣分未復

二十三日　仍邀楚丈　蔚如畫我

二十四日　侗聲左目不腫不痛目皮下垂自五月起直至前

日始開朗如常　醫者皆莫名其證　檢舊藏名目科

一策云目皮墜者氣虛也目皮不墜而視物不明者肝腎

虛也

二十五日　讀荀子性惡篇

二十六日　酷暑八月不少對原　讀荀子成相篇

閱東塾讀書記其中孟子性善以則甚精當

白菜葉來四朵矣

二十七日　仍熱　閱說苑

二十八日巳正一刻立秋金風微動夫蒸稍殺入夜快雨旋來

枕簟生凉　曝書一廚

二十九日　為大嫂百日丞此日虔讀金經三十遍

曝書兩廚　閱說苑

七月小建丙申

初一日甲午 伯聲求華祖方目疾愈今日報神

早起讀金經益覺清醒 曝書

初二日乙未 書院課題自誠明謂之性二句此兩卷一語無着

為宋家所源一語未獻大義 西師函

初三日丙申 早起鈔所稿送飲老所 閱西方公據

初四日 曝書

初五日 閱癸巳類稿

初六日 夜有雨

初七日 蔚如入都 来夜为祖饯以书京徽一部 书者为
书之君高升极鼎之藉用以祷耳 曝书
初八日 曝书 夜有雨
初九日 曝书
初十日 父亲道发日夜推三更后大便 急邀楚生诊云乃前泻后
脾土未复之故以补火生土法服一帖 此夜甚安
饮老过我携来郑观风黄东即吾日为撰淮海维扬州
经解者也 许云能峰甚要几于能与 阅陈数度经说
十一日 阅陈数度经说

十二日 偕邀楚丈 阅敬庭经说 其图释车服志甚详实 包氏毛诗礼徵取之以为车舆经解

十三日 雨 写寄二弟一笺 阅陈敬亭养志居笔记诗古文 丁师午后至 论十二经用以加之四手足 谨案古以鍼灸为治 称手足者 据此经脉之穴道在手足之也

十四日 晴 阅陈子勤及步良诗词稿 步良是逸才 然所作词时有鬼之气 宜其年之不永也 颍生寄所作求书保荐来 云拟于西首馆之书 阅六七月间申报

十五日 早雷雨 邀楚丈

十六日　山長味來還四句樓一覽　毅遠樓丈

十七日　寫壽序頌壽序　毅遠樓丈作舟過我

十八日　禹言令弟食饟早與伯聲往賀　閱說文嘆吞嘆也因悟爾雅在申為涒灘涒陽气為陰氣所乘而吞嘆也呻吟之呻从申以涒吞一義說文涒已食復吐日下涒即吞也灘者嘆之叚故漢禮器碑作涒歎又思在面日作噩作噩名器作㗊㗊以兩口从节之語氣不逆而有所出也人謂歎吐為作噩即其義曷為閉門啟陽气受閉而作噩噩噩一字攤為爾雅太歲所在通釋一篇

十九日　通釋太歲所在稿成　主戰戰从弋弋即一字古文一為

弌乡證一者昜也艸木之病而微昜懷壬於至中也癸承壬后所白
朏昜 蓍雍是屠維之誤
二十日 作舟前日過我見十干釋篆稿極加歎賞謂叢于在所
未發前屬更作十二枝說今日特補為之子者中之向者也
許君云人以為偁明下死人人和生本循矣以下但象手形云云所以
類推似日畜以七稿就正 十干說作於今年三月後以子亥二字
未知於艸首取遂不隱擽十二支說繼餘於也今以作舟一語更
擽欲篇且子亥二義忽乎圓朗此中殆冥有[illegible]機緣與
二十一日 讀惠氏易說 說文相下引易曰地可觀者莫可觀

東亭[illegible]

於木此當是觀卦象義非緯說也　按蔡宗孟子說也魯頌曰戎狄是膺荊舒是懲周公方且膺之雅此詩是頌僖公孟子以為周公者周公封魯而子孫侯而封國言之謂之魯公從而推考言之則論語之周公此周公即魯公也因悟論語季氏富於周公而周公不知謂魯公不稱周公本不以富名孔子何取以與權臣挈長較短哉晚伯聲句學歸國與論之伯聲云周公作魯公解則方且膺二字蓋以覺其神羞孟子言之稍難以中人比魯僖方且膺之耶表魯僖列其中與以侯仔且猶不可名文法一律

廿六　讀惠學士易說

廿三日 撰釋單一篇 王叟來因以鄭文公顏清師唐中興頌之碑屬其裝池 寫定之完一械

廿四日 録鄭文公碑之一遍 荃孫編檢之不得不諦成 雨

廿五日 録魏李之靜之碑 毋易自京來 遣送李心蘭一葉靜對誦金佳巖額清絕

廿六日雨 毋易至 閱說文釋例

廿七日 王叟送來蘇雪芝寫易州鐵象碑 又阮文達模刻諸晉劉清夫書所帖語一遍 飯老至 攜書院月課課卷

來研師老評古今游戲筆文詞求淨沙汰方能文境